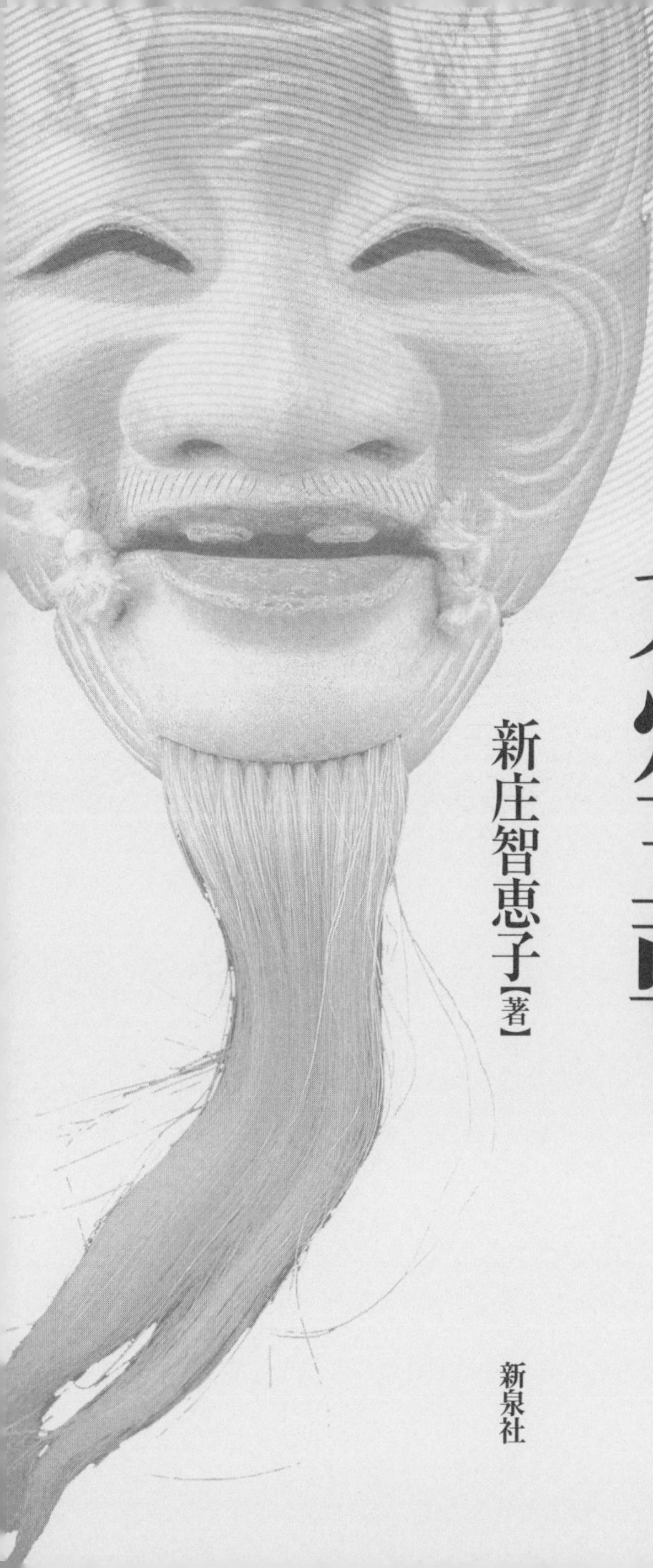

謡曲のなかの九州王朝

新庄智恵子【著】

新泉社

謡曲のなかの九州王朝

はじめに

私は長く古田史学[一]に親しませて頂き、それを土台として、過日謡曲集二百番を通読し終わった時、謡本の中に如何に多くの九州王朝が語られていることかを知りました。この驚きを書き留めたいと思うようになったのです。

現今の謡曲集が、くぐつから譲られた猿楽そのままのはずはありません。時代に合うよう後代の作者等が手を加えてはいます。しかし古代物となるとその言葉使いの古さが独特の調べと相俟って、その調和の絶妙さはこの原作者ならではのものであり、誰の容喙も許さぬ手つかずの部分があり、これは謡の眼精でも見る思いのする箇所が残っているのです。――これを考えて見たい――と思ったのは古田武彦著『よみがえる九州王朝――幻の筑紫舞[二]』という本との出会いでした。

神戸の人であった西山村光寿斎という女性が、戦時中、九州のくぐつの一団により極秘の中、筑紫舞という九州王朝宮廷舞を習い、戦後晴れて世間に発表したものといいます。それは北九州、宮地嶽古墳の洞窟の中において、限られた少数のくぐつ達が毎年寄り集まり、古墳の主への慰霊を兼ねて、筑紫舞の発表会を千年もの長きに亘り行なってきたという不思議なお話でした。その本の中に、「松虫」という筑紫舞の歌詞の一節がありましたが、その時代色を帯びた歌詞が、謡曲のそれと全く同じ物であり、題名までも同じであることを知った時の驚き——。これは筑紫舞も、謡曲も、作者は同一人物、典拠も一つであり、くぐつの手により二つに分けたものと知りました。

くぐつという特殊な職業人の手に在ったればこそ、室町の時代まで官憲の手を逃れて生き延びた歌曲であり、もしもこれが権門に在れば、とうの昔に消されていた運命ではなかったでしょうか。

謡曲は今では単なる猿楽、遊芸物として軽く見られがちの古典ではありますが、官制の国書や司直の手を経た現存の書物以外、古代を知る手立てを持たぬ私達には、謡曲は数少ない文献として見直して価値あるものと私は思うのです。いっこうに物言わぬ考古学的出土品を待つよりも、文字あるということは遙かに納得のゆくものではないでしょうか。

例えば、『砧《きぬた》』と題する謡などは九州の話で、その北岸遠賀川の河口、芦屋の人物が都へ自訴のために出かける話です。その「都」には日本中から裁判を受けるために人々が集まり、二年も三年も順番を待つことになったらしく、家族と別れて暮らすうち悲劇も起こることになって、『砧』はそれを題材とした物語なのです。「都」とは一体何処を指すのでしょうか。この謡を習っている時、二、三の方に尋ねてみたところ、「京都?」「奈良?」という答えが返ってきました。これが普通の日本人の常識です。しかし、先入観を捨てて聞いて下さい。『砧』の文章をよく見ると、都は芦屋から西にあると言っています。大和や京都が西であるはずはありません。大和や京都の西で都だったところ、それは古田史学にいう「九州王朝」以外にはありません。時代は西暦五百年から六百年代に当たりましょうか。古田史学によればこの当時、都とは九州久留米、高良《たから》玉垂宮《たまだれのみや》ということになりましょう。

現存する九州、岩戸山古墳は筑紫の君岩井の墓であるのみならず、この当時すでに、律令国家であることを顕し、石人を墓の上へ並べて裁判の模型としたものが今も残る由です。[三] これは六世紀代の話ですが、片や大和王朝の律令は国書によれば八世紀代にできたといいます。果たしてこの大和王朝の律令が時の裁判所として機能していたかははなはだ疑問です。

『砧』という謡は古代九州物のほんの一例に過ぎませんが、これ一つを取り上げて見ても、九州王朝が我国において抜きん出て文化水準の高かったことが解るように私には思えます。

筑紫の君岩井は、この時三井に居られたといいます。援軍の名目で筑紫へ来ていた継体の軍によって俄の反乱の不意打ちで殺されるという大難に遇いましたが[四]、この後約二百年間、九州王朝は健在であったということです。

この国はいち早く仏教を導入し、その後、多利思北弧《たりしほこ》（足りし矛）と称される非凡なる君主を戴く時代には、隣国南朝の滅亡によりこの国の仕えた宗主国は亡くなり、隋の国とは対等の立場であるという大義名分によって、初めて天皇を「天子」と名告ることになったといいます。彼の有名な「日出る処の天子、日没する処の天子に書を至す、恙なきや」と隋の天子に書を送ったという記録。東海の菩薩天子とも自称して国内においては仏教文化の華を開き、自ら法華経を人々に講じた記録。また憲法十七条を作ったことなど、誠に輝かしい業績を残して、絢爛たる仏教的文化国家を築き上げていたのです[五]。

このことは謡曲『弱法師《よろぼし》』にも垣間見ることができます。謡曲『弱法師』には、上宮太子が日本における最初の寺、四天王寺を建て、救世観音をその本尊となし、人々の多大の信仰を集めて、都は賑わいを極めたこと、中でも「無熱地の池水を受け継ぎて」とわざわざ謡曲中に特筆された文言は、この国の都の位置を知るに顕著な一言ではないでしょうか。この国は火山、阿蘇の大山を背後に控えて地熱の沸く所が多く、当時、清冽なる水の出る地は少なかったと思われ、この四天王寺、亀井の水は流れも清く冷たく、五濁の人間を導く水であると謡う由縁なのです。この清冽な水が、多くの人々のこの寺に集う魅力の一つであったと伺えるのです。大阪や奈良で無熱地等と特筆する必要がありましょうか。その梵鐘の音は異浦にまで鳴り響いていたと記されています。浦続きの海を持つ都であることから、この時の都は博多にあったと考えられましょう。

この頃のことでしょうか。万葉人をして、「あをによし寧楽《なら》の京師《みやこ》は咲く花のにほふがごとく今さかりなり」と称えさせた歌をこの国は残しています。

謡曲もこの朝廷によって培われた華やかな時代の文芸、文化遺産の一つと見ております。しかし、古田史学が説くように、この繁栄の中で対外的には周辺国との噛み合わぬ国交、新羅との長く絶え間なき戦い、理不尽に長年悩み続けたであろうこの王朝の苦しみを思うとき、この後、最後の決戦、白村江《はくすきのえ》の戦い（西暦六六三年）において、四百隻の艦船を一度に失い、筑紫君（天皇）薩夜麻は唐の捕虜となって、この国の最後を迎えるに至ったこと、今日の周辺とも思いは重なって、日本人として深い共感と哀悼の涙を禁じえません。七百年を最後としてこの国は歴史から姿を消すことになったのです。

この白村江の戦いに思いを至す時、恐らく情報戦の敗北、作戦の失敗、この四百隻の軍艦に国家の最後の命運を賭けた九州王朝。私は、千三百年の後、再び同じ轍を踏むこととなった痛き戦いの、戦禍の中を生き、しかも敗戦を知る者の一人として、戦艦大和の最後と重ねてこの歴史を顧みずにはいられないのです。もしこの白村江の戦いを、誰しもが我が先祖の足跡と認識していたなら、この国が同じ先祖を持つことを我々が歴史で習い、よく知っていたならば、同じ轍を踏むほど、愚かではないはずであったと。ならば二十世紀における痛恨の戦いは無かったのではなかろうか、多くの国民の無惨な犠牲も無かったものを、と思うのです。

新庄智恵子

注一　古田武彦氏の『「邪馬台国」はなかった』『失われた九州王朝』『盗まれた神話』などの著作・論文で解かれる多元史観をいう。不透明であった「邪馬台国」の在所、大和王朝に先在した九州王朝などが明らかになった。

二　『よみがえる九州王朝――幻の筑紫舞』古田武彦著　角川書店　昭和五十八年

三　『風土記』日本古典文学大系　岩波書店　昭和三十三年　風土記逸文　筑後国条

四　『風土記』日本古典文学大系　岩波書店　昭和三十三年　風土記逸文　筑後国条

五　中国史書『隋書俀国伝』

目次

装幀　勝木雄二
（カバー写真提供　国立能楽堂）

謡曲のなかの九州王朝

鶴亀

謡曲とは室町の頃、観阿弥・世阿弥がくぐつの歌謡であった猿楽の原本等を典拠として編み直し作ったものといわれています。謡曲の中には西暦千年以後の文学を題材としたものも多々ありますが、それ以前、六百年代の古いものと思われるものも、思いのほか多く混じっているのです。それらは何人たりとも、何の典拠もなく創作するわけにはゆかないものだと思います。

謡曲の中の『鶴亀』と題するものについて述べてみたいと思います。

謡曲の習い初めは大抵『鶴亀』から始まります。どなたもご存じのはずです。お正月には目出度いものとして『鶴亀』を、結婚式には『高砂』をです。しかし、戦後出版された『鶴亀』と題する本の見開きの解説は、驚くべき言葉で始まっているのです。曰く「これは新春、支那の朝廷で四季の節会の事始めが催され、それを謡ったもの。作者未詳」とあります。が、支那の朝廷という確たる証拠でもあるのでしょうか。昔から日本人が目出度い時に好んで謡う『鶴亀』が、まして元日には謡い初めにまで用いる『鶴亀』が、外国の朝廷讃歌で始まるものでしょうか。謡曲を楽しんだのは、信長の昔より天下人か高級武士、あるいはその文言を読みかつ理解できうる階層の人たちです。謡曲は彼らによって明治の頃までは伝え来たった日本音楽です。今の日本人なら知らず、彼らがこの様な解説を知りながら、正月早々隣国の天子を礼讃して祝杯を挙げるほど、文字なるものに無邪気で無頓着な人々だったでしょうか。家康は秀頼が豊国神社に掲げた釣鐘の文字「国家安康」のたった四文字にいたくこだわり、天下の大坂城を踏み潰す理由、口実にしたといいます。彼らが文字なるものに如何に重きを置いたかが解るのです。

右の謡曲本の解説は戦後の思想のものと思います。大和朝廷に無いもの、解らぬ事象は総て海を隔てた向こうの国と断定する思想。これは敗戦国民の悲しい「性」の現れではないのでしょうか。この国の国民であることの幸せやプライドを忘れた人の解説であると私は思います。

改めて申し上げましょう。『鶴亀』の故郷が判明致しました。れっきとした日本生まれです。「大和朝廷に先立つ九州王朝ありき」という揺るがぬ学説（古田史学）あってのことでございました。

これが解けたきっかけは、謡本最後のところに「官人駕輿丁、御輿を早め」という文言があります。たった一つの地名「カヨチョウ」。これは必ず九州にあるはずと探しました。福岡県、佐賀県、終に見つけた喜び。『福岡県の歴史二』にあったのです。

謡の文言によれば、九州王朝においてお正月、天皇は行事の一つとして神社参拝に出かけられた。それは駕輿丁の所在から推して多分、香椎宮ではないでしょうか。ここは古くから廟といわれ(廟とは代々の天皇の霊を祀る所といいます)、お正月参拝には相応しいのではと思います。そこを参拝されて帰途、人々の盛んな見送りの中、天皇の輿はゆっくりと駕輿丁まで来ると、輿を担いでいた官人達は向きを南へ取りここから足を早めたといいます。威勢良く博多千代の御殿へと向かい、長生殿へ目出度く還御と謡うのです。謡の中に千代はあちこち、それとなく出てくる地名です。駕輿丁は博多からそう遠くない距離です。

その上この謡には、正月、天皇自ら慶びの舞を舞われるといいます。これは神社参拝の折の奉納の舞であったかもしれません。

舞とは、縄文の昔、出雲王朝の時、支那、周の国へ暢草《ちょうそう》と舞を献じたという記録が古文書（礼記・明堂）に残る由。舞は日本古来からの独特の文化であるということでしょう。

また、その日の天皇の服装を『鶴亀』は丁寧に謡っています。絹の白衣の上に薄紫の袴を付け（多分佐賀錦か綴れ織か金銀糸も少しは入っていたかも）、その上、白羽二重の上衣を軽く羽織られて、舞われる度に大きな袂《たもと》が翻って、薄紫と白の二色の調和が清楚で優美であると讃えています。かくの如き淡泊な色合いを美と捉える美意識は、日本人の感性でなくて何でしょうか。支那の天子が儀式の正装にこのような神主の如き服装を好みましょうか。

その上この題名の鶴と亀は、松、梅と共に九州王朝の象徴であるといいます（謡曲『老松』）。『鶴亀』という謡が、紛れもなく生粋の日本のものであることがお解り頂けたことと思います。

駕輿丁のことは以前、多元的古代研究会の機関誌『多元』に簡単に書き、掲載して頂いたもので、再び述べますことには逡巡を覚えましたが、この度、『鶴亀』を抜きにしては王朝と謡曲の関係を述べるにつき、いの一番に掲げるものとしてこれほど相応しいものも他にないように思われたことと、広く謡曲愛好の方々に『鶴亀』が純粋に日本のものであることも知って頂きたい思いから、重ねて書かせて頂きました。

平成十三年正月五日

淡路

謡曲の原作者は九州王朝における歌謡詩人であり、遅くとも敗戦（白村江の戦い）前の人であって、記紀成立を知ることのない人物で、自国の歴史のみを土台として謡ったものとして考えています。

例えば『淡路』という謡について述べてみます。この謡の骨子は、（一）大八洲の範囲、（二）扶桑の国とは何処か、（三）淡路とは何処にあり何をなした土地か、ということを謡ったものと理解いたします。これは、この日本の国の遡原における大切な認識であったという思いから取り上げました。

大八洲とは伊弉諾・伊弉冉の創った四つの陸地と、それに付随する海四つ、合わせて八つをいうと。それは、

一　紀の国

佐賀県北岸。これに就いては別稿にて述べますが[四]、和歌山県が紀の国と言われるようになったのは『記紀』編纂の後、七二〇年以後であると思

うのです。

二　伊勢・志摩　筑紫の糸島のこと。この所は古代、水道で怡都《いと》と志摩に別れていた由。伊勢は神風の伊勢（神が瀬の伊勢）として怡都の国にあったという（古田史学）。

三　日向《ひなた》　筑紫の日向（福岡県、天孫降臨の地。高祖山、日向川あり）。

四　淡路島　お能古呂島（能古島）。博多湾内にある小島。

以上、「陸地」四つとこれらに付随する「海」が四つ、この八つが大八洲と言うと『淡路』は謡うのです。博多湾という小さな海もその一つなのです。

大八洲の範囲を示す謡は『淡路』だけではなく、神歌『舟立合』を始め『逆矛』等の中でも同じことを言っています。何という小さな範囲でしょうか。謡曲以外では聞いたこともない歴史です。しかし、伊弉諾・伊弉冉が普通の人間だとしたら、交通機関も無い古代において小舟一つで、「これだけの地を確保した」というだけでも未曾有の偉業でありましょう。永く特筆されることはもっともなことと思われます。

これとは別の逸話によれば、伊弉諾はこの後、妻と死別してその妻を慕い、墓を尋ねますが、変わり果てた姿に驚き慌てて逃げ帰るという、極く普通の人間ではなかったでしょうか。

扶桑の国について

しかも謡曲はこの小さな大八洲のことを「扶桑の国という」と謡うのです。それは、桑の弓と蓬の矢によってこの国を平定したと言います。伊弉諾は桑の弓に扶けられたと。それ故、「扶桑」なのです。

これまで扶桑の国ほど、日本中を迷走してロマンに満ちた国はなかったのではないでしょうか。謡曲は至極あたりまえという如く、扶桑の国を語ります。

このお話は遡源の時代のことであり、その後、国も段々富み勢力を増し九州全域にその支配を及ぼす時代には、扶桑の国といえばやはり九州全域を指したのではないでしょうか。

淡路島について（能古島）

これは博多湾の海中にある小島のことで、伊弉諾はここを根拠地として大八洲を作り、子息達もここで生まれたと謡曲はいいます。日神、月神、蛭子、素戔嗚、これらの神々が日本の天祖となったと謡います。中でも日神は日向に天下ったといっています。能古島を、国産みを始め建国の根城としたことは至極自然で、絶好の地でありましょう。湾の中であり、波は静かで、しかも外敵に侵され難い地。謡曲はこれらのことを何の奇もなく、極く普通の夫妻の話として語っています。

伊弉諾が「天の浮橋」に立って国作りしたということは、この博多湾内は潮の干満が激しく、能古島の海岸のある一点が時には深い海となり、またときには陸地となる、この海と島の関係の特殊性を表すものであり、これを一言にて「天の浮橋」とはよくも言いえて妙と感心するばかりです。

「葦原中国《あしはらのなかつくに》」のことも謡曲は語ります。後の世では繁栄の中心部と言った土地の意となったようですが、伊弉諾の作った大八洲は祖源の頃、湿地帯が多く到るところ葦が生え、葦原をなぎ払い引き捨ててそれが山となり、方々に山ができて、山と言えば葦引き。『万葉集』にも歌う「足引きの山」は今も歌の枕言葉として残るもので、あの北九州大穀倉地帯はこうしてできあがったと、遡源の労苦を繰り返し謡うのです。この多大な労苦によって後の王朝繁栄の基をなしたといいます。

今も佐賀県には、「芦刈」という地名が残っています。謡曲にも『蘆刈』があります。大阪の物語と思わせるように書いていますが、原作は九州の難波の話であるような気がいたします。

大和を中心とした大八洲（日本人の常識）は、『古事記』（西暦七一二年）、『書紀』の成立（西暦七二〇年）に合わせて拡大解釈されたものと私は見ています。それは九州から瀬戸内海をばく進、四方を席巻、大和へ突入。もうこうなれば、伊弉諾は超々人間に成らざるを得ないのです。とても桑の弓や蓬の矢では追いつきません。

大和朝廷はこの「拡大大八洲」に対し、なくてはならぬ「淡路島」を取り急ぎ比定したと考えます。大阪湾の鼻先の島をです。この島こそ誠に災難。「大昔、この島の名は？」と問いたいところです。この島を、ご丁寧に同じく「淡路島」と命名されました。勿論、まことしやかに定着して今日に及んでいます。ここが伊弉諾の国産みの地だと言ってです。

この「拡大大八洲」ができたことにより、件の「豊葦原中国」は大和の国へ泣く泣く越して行きました。

これればかりではなかったのです。西暦七一三年「諸国の地名を好字に替えよ」という政令を発したその後は、山も川も神社までもそっくり引っ越したかと思うほど、『万葉集』にある地名は余すことなく今、大和にあるのです。しかも「ここは万葉の故郷」などと平然と吹聴して千三百年経ちました。万葉は九州で謡われたものであり、古田史学において九州万葉であると、ひとつひとつ証明されつつある昨今です。もう千年以上経たものは総てが古く苔むして、何が古いか新しいか見分けはつきません。唯々呆然とするばかりです。自国の先祖にこれほど翻弄され愚弄された国民の例が世界にありましょうか。しかも、千三百年にも亘ってと言いたくもなりますが、こうして書いて批判できるだけでも隔世の感。自由に息のできるだけでも、千三百年にして漸く、びくともせぬ岩盤の、その風穴に感謝すべきかも知れません。

謡曲は静かに倦むことなくむしろ頑固に謡い続けて、これを明かされる日を待ち続けていたのでしょうか。

平成十三年二月一日

弓八幡——高良の神と天神様

「高良の神とは我なるぞ」

謡曲『弓八幡』に目を通していたとき、突如として出てきたこの文言に、私は飛び上がる程驚いたのです。それにひかれて何度も読み返して見たのですが、この謡は意味がとりにくく、諦めて暫く投げてありましたが、このほどやっと理解に漕ぎ着いて書かせて頂くことに致しました。何処がこれほど理解を妨げたかといえば、石清水《いわしみず》八幡の在所でした。京都だと思い込んでいたのです。またこの作者も原作を無視して、知ってか知らずか京都に視点をおいて、そう思わせるように、原作とは五百年以上も離れた時代をまことしやかにごちゃまぜにして作品を仕上げていたのです。

謡曲本では「高良」は、タカラの神と読ませています。高良の神の研究が古田先生はじめ、古田史学の関係者の会において進み、その由来や不思議なお話を、まるでタイムマシンでも見る思いで伺っていた、その神の名が謡曲に出て来るとは思いもしなかったのです。謡曲が古代九州を謡うものと、自分であれほど言っておきながら、高良神の文字に驚くとは迂闊なことです。

この謡には、本当に恐ろしいことが謡われていますのでお聞きください。先ずこの九州王朝は国を外敵から守るために、三所の八幡大菩薩を祭ったといいます。一に豊前の宇佐八幡。二に九州四王寺の峰に八幡を（ここは神功皇后が異国退治のとき祈願された八幡といいます。これは博多の辺りで、今の箱崎八幡ではないでしょうか）。三に石清水八幡です。これが問題でした。『万葉集』には岩井の水が清く美しいと特筆した歌があります（一一二八）。この八幡も清冽な水の湧く所。岩井の水と石清水。これが同じ水であることをこの時初めて、はっと気付きました。しかもこの所に居られる八幡大菩薩は言われました。「高良の神とは我なるぞ」と。そうです。福岡県久留米市高良神社玉垂宮。ここが本当の石清水八幡であったのです。男山八幡ともいうとあります。高良の神とは八幡大菩薩でもあられたということです。

また、本朝を扶桑の国と言い、「桑の弓、取るや蓬の八幡山」とも謡います。大菩薩と名付くからには神仏混淆の時代、多利思北弧《たりしほこ》天子時代辺りのお話でありましょう。

つまり北九州倭国の守りのために三カ所に迎え祭った八幡大菩薩は、それぞれ海原遠く外敵に向かい、国防のために驚くばかりの最適所に置かれたこと、先人の国防意識を今、私は日本の国民として羨ましく思うのです。

京都の石清水八幡は、その名も全く同じ男山の謂《いい》まで持ち込んで一体、何を守るためだったのでしょうか。これは大和王朝成立後にできたものと思われるのです。

この高良の神は言われます。「げにげに、神代、今の代の、璽《しるし》の箱の明らかに」と謡うのです。「しるし」とは御名御璽《ぎょめいぎょじ》。謡曲はこのようなことをさらりと言って驚かせます。高良には天皇が御璽と共におわしました、ということと解します。

これは古田先生はじめ古田史学先達の高良研究の裏付け、文字ある裏付けではないかと思います。これを見ても、謡曲は官憲の目を逃れて生き延びた古典と、お解り頂けると思います。

高良神社のお祭りには三種の神器を手に持って歩かれると伺っています。戦前の教育を受けた者には、このようなことを見聞きすると思わず左右を伺ってしまうのです。この『弓八幡』という謡が殆ど謡われることのない由縁でもあるかと思います。私も習ったことはありません。

日本全国津々浦々、八幡様の無い所は無いと言っても過言ではないはずです。しかしその祭神を言う所はなかったと思います。誰それがその神を深く信心したとか、刀や兜を寄進したとかは、社史を拝見すると載せていますが、祭神は言わない。これは一つの不思議でした。

強いていえば古い神々の名は祭神として並べてはあるものの、何故これ程多くの八幡様を祭る必要があるのかとの問いに、答えられるものではありませんでした。私は思うのです。言わぬということは大和朝廷に憚って、それを勧請した当時者間の言わぬという取り決めではなかったかと。それが時代を経て総てが解らなくなった、ということではないのでしょうか。八幡様は高良の神であることを広く日本の皆様に知って頂きたいのです。

日本の国でこれと似た待遇を受けている神社がもう一つあります。誰もが知る天神様です。このことは既に古田先生も指摘されていましたが、重ねて申し上げます。天神社の祭神は菅原道真といわれています。しかし思っても見てください。道真は平民です。天神と言われ、まして天満宮などと大それた名の付くような謂はありません。時の天皇にその学才を愛され参殿することになりましたが、正式には宮中に参殿さえも許されない身分でした。そのことが彼を遠く左遷させる根底にあったといいます。彼は流された後、太宰府に祭られていた天神（天祖）に、無罪を訴えて毎日必死で祈ったといいます。その願に感応あって、彼は鬼となり天祖と一体となって、死後京都御所を雷と化して襲ったため恐れられ、そのために朝廷は北野へ神として祭ったといいますが、朝廷が恐れ慄いて祭ったのは、本当は九州の天神天祖であったのではないでしょうか。一平民が如何に鬼と化して襲うとも、例え束になろうとも、権力の恐れる相手ではないでしょう。

天満宮という最大級の敬意を表す神名を献上し、北野天満宮として広大な敷地に祭り上げ、しかも社殿正面には大きな梅の紋を掲げて王朝の徴《しるし》を付けて敬ったということは、如何に時の権力が相手を恐れたか、天神を代表する九州王朝の、霊のその怒りを知ったことへの慄き、恐れではなかったかと思うのです。道真はただ併祭されただけに過ぎぬものと考えます。

しかしこの北野天満宮を「九州王朝、天祖の神」とは民には言いたくない。絶対口にはできぬ、これです。知恵を絞ったあげく、道真＝天神と吹聴して民に教えたのが、今日の矛盾を感じる基であると思うのです。

王朝の象徴たる梅の樹さえ、神社の庭に一面に植えて置きながら、道真のたった一つの歌、

こちふかばにほひおこせよ梅の花あるじなしとて春なわすれそ

に縋《すが》って、これは道真の梅だ、飛び梅だと懸命に誤魔化して、終に長年月にわたりその理解さえも不可能にされた日本人ということです。

今、太宰府の天満宮までもが祭神は道真となっているのです。これでは天祖に対し失礼が過ぎると思われませんか。道真は鬼神とはなっても、天神になれる身分ではないのです。こ

れについては、『老松』という謡からもはっきりさせられるのではないかと思っています。『老松』によれば、北野天神を信心している京都人が、ある日、霊夢によって太宰府の安楽寺へ参詣するのです。そこで庭を清めていた白髪の老人（神様）に会い、道真の飛梅は何処かと尋ねます。すると神様は質問を全く無視して、次元の違う話を滔々と始めるのです。

この国は昔、秦・漢の時より、隣国と往来して栄えた国であったと。また、松と梅の樹はこの国を代表するものであると。めでたき歴史を語り、さらに松、梅、鶴、亀がこの国の象徴となったことを語るという、実に示唆的な含蓄深い謡曲なのです。しかし、恐らくこの神様の話は、この男性にとり一向に理解不可能なるものであったということです。いえ、この京都人だけではなくて、この後何百年も経った現代の日本人でさえ、この神様の説話は理解できない人が大多数ではないでしょうか。

「天神様と道真は格を別にする」等ということを解ってもらえるのは、九州王朝が日本の歴史の中に厳然と位置を占めてからのことでありましょうか。私も、もし古田史学にご縁がなかったら、この謡は理解の外であったと思うことです。

平成十三年二月七日

女郎花《おみなめし》

謡曲は詩であり、散文でもあり、系統立った文章ではありませんので、判じて理解する必要があります。うっかりして読み過ごすと、肝心なことを見落とすのです。先日、高良の神を書かせて頂いた後、ふとあれも石清水の話であったと思い出した謡がありました。『女郎花』と題するものです。

この謡も全く京都の石清水八幡の話として、誰一人疑うことなく、今日に至ったものと思います。少なくとも明治以来百年間、謡曲愛好者の膨大な数の中にどなたも、一人としてコメントされた形跡の無いことを、今ここに私如きが取り上げて批判することへの抵抗は、痛く受けとめております。しかし私はやはり語らねばなりません。

この曲は「サシの本張り」という特殊な歌い方などが混じっていて、習っているときはその方へ気を取られ、殆ど中身は覚えぬありさまの謡でした。今、本を読み返して見ますと、こちらは時代は下がりますが、やはり九州王朝の歴史を『弓八幡』などの謡に重ねて語るものであることを知りました。この謡は読者にとって『弓八幡』が堅ければ、下世話に崩してでも、この国の歴史を知って欲しいという、原作者の切なる願いを込めたものであることを遅ればせながら知ったのです。前には素通りしてしまったこの謡をです。

この謡を要約致しますと、八幡山には一面に黄金色の女郎花が咲き乱れていました。この花にたとえた可憐な一人の女が、愛する男の不実を嘆き悲しんで川へ身投げするのです。その時他の女の元にいた男は大変驚き、悔やんで自分も同じ川へ後追い自殺してしまいます。二人の遺骸は女塚、男塚と言って共にこの山に籠《こ》められたといいます。美しくはあるが風にくねる――すねる女郎花を女に重ねて、物語としてはこれだけのことです。ここを男山ともいうと。

しかしこのワキを演じる僧は九州松浦潟の人で「都に上る」と言っています。船旅です。「末、不知火の筑紫潟」と最初に歌い上げているのです。末とは行く末、方向です。関西へ向いた形跡はありません。ここまでは原作のままであると私は見ています。僧は久留米の高良の都へ向かったはずなのです。しかしこの本の作者は、やにわにここで方向転換、津の国、山崎石清水八幡宮に着いたと語るのです。男女の演じたこの八幡、男山という舞台は、あっという間に魔法のように九州から京都へ飛んだということです。誰一人として文句を言う読者もなくて、今日に至っています。

この曲の生まれた場所は、やはり九州、福岡県久留米高良の神の石清水八幡でありましょう。これは『弓八幡』を始めその他の曲の多くが九州を舞台にしていることを知る者には、動かし難いものであります。そうしてこの曲は古代物の『弓八幡』と重ねて理解すべきであると考えるのです。

この曲の中の重要な文言を、ここに取り出して見ることに致します。

三つの袂《たもと》に影うつる、璽《しるし》の箱を納むなる、法《のり》の神宮寺、ありがたかりし霊地かな

と謡います。これはこの謡にとって述べたいことの真髄点なのです。「三つの袂に影うつる」とは何を指す言葉と思われますか。見開きにある解釈五によれば、「三つの袂は三衣の袖、宇佐八幡宮が大安寺僧行教の三衣の袖に移った故事によると、夫木抄、衣笠内大臣の歌、石清水、すみはじめけん月影の三の衣に影ぞうつりし」などと、何やらこの後もまだ、ごちゃごちゃと仰せですが、このような解説には失礼ながら私は頷くわけにはゆきません。

これは先の稿にも認めましたが、九州王朝の守り神として鎮座する三所の八幡大菩薩を指すものではないでしょうか。つまり東海を守る宇佐八幡、中央博多湾から新羅を望む四王寺八幡、西海を睨む高良石清水八幡、この三所を三つの袂にたとえて「身を守る」、つまり国を守るということと解します。間違いでしょうか。

中でも石清水、高良の神は高祖皇宗の璽の箱の納まる所、つまり天皇のいます所、またはかつておわしました所の都の中心であった、と言っているのです。この原作者はここを強調し、これを言いたいための『女郎花』であったと私は解します。

それに「璽の箱」を、この解説者は「神社を勧請する時の箱」などと、大変軽々しく扱っておられるようですが、そうでしょうか。これではまるで何処かの神社の神主がヒョイヒョイと文箱でも持ち運ぶかのようです。私などはこの字を見るだけで、背中がピリリッとしてのっぴきならぬ思いになるのですが、生きた時代の差でしょうか。「璽」の字は特定の尊い人、つまり天子を表す文字であると教わった記憶があるのですが。

子供の頃、学校で校長さんが恭しく教育勅語を読んで最後に「御名御璽」と朗読を結ばれた白い手袋の手が緊張で震えていたこと、幼い我々もカンパチコになって謹んだ式の日の思い出です。

我々如きが迂闊《うかつ》に口にすべき文字ではないのです。なかったはずです。それなのに、京都からは遙かに遠い九州の久留米、高良の山には「璽」の箱があるぞ、天子がおわした所ぞ、と謡曲は遠慮もなくさらりと言うのです。驚かぬ方がおかしいのではありませんか。

法の神宮寺とは、神仏混淆の時代の八幡大菩薩の謂と同じであろうと思います。何れにしても高良の宮を指すものと解します。先の文言に続いて謡曲は、

巌松峙《そばだ》つて、山そびえ、谷めぐりて……

と謡いますが、巌松峙つとは、海岸を伴う絶景を想像します。これはやはり海を望む高良の神、石清水八幡のことと思うほかないような気がするのです。京都、大阪間の内陸にある石清水八幡に、いかに小高い山がありましょうとも、この形容詞、描写は不当ではないでしょうか。この文言「巌松峙つ」は、八幡山の位置を明示する、この謡の止めの文でありましょう。

思えばこの謡は恐るべきものでありました。女郎花の咲き乱れる広大なこの舞台は、男女の展開するドラマの陰で、動ずることなくここは「九州王朝の舞台」でもあったと、語るものでありました。謡が文章ではなくて分かり難い散文であったことは幸いであったかも知れません。あの戦前戦中のシラミ潰しの検閲にも漏れたことは有難いことでした。

今、高良の宮は地図にもあり、立派な神社として残っています。しかしこの石清水八幡が高良の地に今もあるや否やは、地理勘のない私には分かりませんが、恐らく名は替えられても神社は残っているものと信じます。神社を無闇に取り除いたりしないのが日本人ですから。しかしここは昔大地震があって崩れた所と聞きますので、どのようになっていますやら。

この謡は、くだけた題目の中に、いかにして王朝の歴史を残そうか、との苦心の跡を感じるものです。そして古田先生の高良ご研究の跡付け、王朝を語るものとして文字ある裏付けの一つではないかと思っております。

平成十三年二月十二日

逆矛《さかほこ》・龍田《たつた》

謡本には、『書紀』『古事記』にも記されないことが謡われていることに驚きます。やはり「この国の歴史を知る人」が大和朝廷成立前に独自に書き、謡ったものと思えるのです。『逆矛』『龍田』と題するものについて述べてみます。

この謡二曲は同じ場所を題を替えて繰り返し謡ったものと思われ、それほどにこの中身は重要で、日本人なら是非知って欲しいという原作者の願いであろうと感じましたもので、これを取り上げました。

この謡は我国の根本の神とその歴史を、『記紀』等の記述よりもうんと簡潔に分かり易く述べたものでありましょう。この様な大事なことは下手な私の筆などよりも各自お読み頂きたいとは思いますが、お手元にご本の無い方のために要点だけご紹介致します。

第七代伊奘諾・伊弉冉の二神に、国常立の神が「豊葦原千五百穂の国あり、汝良く知るべし」と言って、天の御矛を授けました。二神は天祖の教えのまま、天の浮橋に佇み（博多湾内お能古呂島）この矛を海中にさし下されてより、この御矛を「天の逆矛」というと記します。

この矛で葦原をなぎ払い、引き捨てて、山と積み重ねてこれを葦引きの山といい、土は石金の如く固かったのを、この矛の先にて砕いて平らかなあらかねの土と成して国作りをして、段々と国は栄えてきたといいます。そこで「瀧祭りの明神」という方が、この矛を預かられて、この山に納めて以来「宝の山」と号すと謡うのです。

この宝の山の在所が、漸く私に解ったのは最近のことです。『弓八幡』を書かせて頂いたとき、高良の神の読みが「たから」とあり、大変驚くと同時にぱらりと紐が解けるように古代の都が何故か懐かしく眼前に蘇りました。「宝の山」は「高良の山」でありました。

「龍田」、この地名は大和では絶対にない、そう思い、もう何年か前から折あるごとにどれだけ探したでしょうか。『万葉集』四一五・聖徳皇子の歌として、竹原井に赴いた折、龍田山へ立ち寄ったというのがあり、これなどあれこれ探して、雲掴む思いを味わった日もありました。

つまりこの矛は高良《たから》山そのものの宝であるということ。龍田山も高良山も同じ神山をいうのではないか、古代ではこの辺りを広く龍田と言ったのではないかとの推論に至りました。「龍田の神」または「瀧祭りの神」として祭られているということでしょう。福岡県久留米市高良山。この龍田は紅葉の名所。神木は八葉の矛の刃先を表す紅葉の木といいます。「龍田の川の錦なりけり」と歌われた紅葉の名所も大和ではなく、この高良山のことであったのかと感無量です。

持統天皇三十一回の吉野行幸（『書紀』）も、九州王朝薩夜麻天皇の武運長久祈願を兼ねての行幸であり、龍田広瀬神への十六回の使者を遣わしての奉幣も、やはり龍田は高良の龍田、広瀬は多分香椎の傍にある廣瀬[六]のことであろうかと思われます。

これは余談ではありますが、神武の東征時「龍田路」を進む作戦のはずが、戦うに道が狭過ぎたので急遽進撃道を東向きに変更したと『書紀』は言っています。

この他、『伊勢物語』のかのまめ男、在原業平が愛人の所へ通う道もこの龍田路で、「風吹けば沖津白波龍田山、夜半には君が一人行くらんと、おぼつかなみの夜の道——」と純情の若妻を嘆かせているのも、大和にはあらぬこの海岸の龍田路なのだと、謡曲は『井筒』において語り教えています。この龍田路は片や山が迫り海岸ぎりぎりの狭い道で、風が吹くと水飛沫で体が濡れたということです。

さて謡曲『逆矛』も『龍田』も、二曲共「神奈備の御室の岸や崩るらん」と誠に不思議な同じ文句を記しています。これは大和の事件とすれば一体何のことやら一向に理解の外ですが、当時高良辺りに大地震のあった由。古代の地震のことがこの謡曲の不思議な字句に当てはまるのではないかと思っております。岸が崩れて海となったものでしょうか。その時、龍田路という歴史上なくてはならぬ路までも消えたように思うのです。

しかし謡曲は、「龍田川の水は濁るとも、神の慮《こころ》は変わらず、紅葉の葉は常盤の色、映える」と瀧祭りを謡うのです。今の地図には龍田の字は見つからず残念です。しかし謡曲原作者はこれほど詳しく九州の王朝を語り、都のありさまを語る文字を残してくれたのです。『書紀』のいう吉野への天皇行幸が「九州吉野が里」のこととは、古田先生のご発表の通りであります。同時に、奉幣された龍田の神はタカラの山におわしましたこと、この度ここにご報告致します。成程と思います。日本一の宝物、天の逆矛を納めた神社、この国遡源の神、戦勝を祈るにこれ以上の神はありません。またこの宝矛を祀るにこれ程ぴったりの適地もないと思うことです。

この高良の山は、宝山《ほうざん》、倶利加羅御嶽《くりからみたけ》ともいうと記されてもいます。『万葉集』に度々出てくる「神奈備」の文言は、この所もその一つであると言っていますので――（否、ここが総てかも知れません）。場所が解れば万葉歌の意味も少しは通じ易く、親しみを持てるのではないかと思うことです。

岩井の水、石清水八幡大菩薩、宝山龍田の神、紅葉の龍田川、その上、高祖皇宗の璽の箱の納まる偉大な神社、高良の神のおわします最も遡源なる始祖のこの地を、私達は歴史の認識を改めて見直さねばならぬ時が来ている、と思わずにはいられません。

寧楽《なら》の都の　その昔
雅び尽して　宮人の
遊びましけん　龍田川原の
紅葉葉　今も匂う

　これは小学校の折、九州出の先生から教わった七十三年も前の歌ですが「寧楽」の字が子供心にも不思議で今も記憶に残る所以なのです。九州の方、どなたかこの歌をご存じありませんか。「遊びましけん」という「けん」という言葉は今も使われていて、「そうしちょるけん」とか「そういっちょるけん」という言い方は、筑紫を中心にして山口県辺りまでの男女共通の方言ではないでしょうか。私などからは大変簡潔で歯切れよく心地良い響きで、その明瞭さに文化の高さをおもうのです。謄写版で刷ってこの歌を教えて下さったのは若い女の先生でした。

平成十三年二月二十五日

蘆刈《あしかり》――博多の祭り「どんたく」

毎年五月の初め、博多は町を挙げて浮かれ出すと聞きます。「どんたく」です。

この祭は江戸の頃は民政の一つとして奨励されていたのが明治になり何故か禁止されたそうで、それでも博多っ子は知恵を絞りオランダ語の「zongtag」を持ち出して復興に成功して今日に至ったものといわれています。七この祭りは室町時代からのものといいますが、いえいえもっともっと起源は古いのではないでしょうか。この祭りは型にとらわれることなく特定の神を祀るためでもなく、男女共梅花飾りの菅の花笠を被って、民衆が台所のしゃもじまで持ち出して叩いてうかれ踊ると聞きます。そうです。この祭りに違いありません。そのためだむしょうに嬉しがるところが、他の祭りと違う大昔の名残りだと私には見えるのです。

この祭りの謂《いわれ》はもう遠に博多の人の記憶からは消えて、春が来ると必ず踊って喜びたい、不思議な祭りでありましょう。この謂はどなたに伺ってももう解らなくて、ただ謡曲のみが知る人ぞ知ると語っているように私には思えるのです。

津の国、難波の都を初めて創られたのは仁徳天皇であると、謡曲『蘆刈』はさらりと臆面もなくいうのです。何故、仁徳天皇が博多に？　一昔前は驚き、また謡曲作者を私は出鱈目と笑いました。しかしもう笑うどころではありません。この『蘆刈』の舞台は「津の国難波の都・博多」の話に違いないのです。摂津の国を難波と呼ばせるようになったのは、聖武天皇「難波の宮造営」（『続日本紀』）に始まるものでありましょう。仁徳の時代はもとよりのこと、聖武時代までは未だ大阪を難波とは言わず摂津と言ったはずです。

この謡の粗筋は、津の国日下の里の佐衛門は貧困のため、妻と心ならずも別れますが、その妻は都の高貴な家の乳母となっていて、三年経ち夫を探しに津の国へ下るのです。が、夫は零落していて蘆売りの貧しい男になっています。しかし間もなく夫であると解って打ち連れて都へ帰るという、これだけの話ですが、この時、二人の帰って行った都とは多分高良の都ではなかったかと思われます。

この文の中で、この夫が蘆を売るために様々な昔からの歌をおもしろ可笑しく賑やかに囃して謡うのです。それは、仁徳天皇がこの難波の浦に初めて大宮造りされて、波涛海辺の大宮であるから、この浜を御津の浜といった、一漁村に点すかがり火までも禁裏の御火《みひ》かと見紛うほどの海近くであった、網子の網引する「えいやえいや」という呼び声が、御殿の中まできこえて目の前に網船や漁の様が見えたと、そして、この浜には大伴の警護の一団も控えていたと謡うのです。

名に負ふ梅の花笠、難波女の被《かづ》く袖笠、肘笠の雨の蘆辺も乱るるかたを波、彼方へざらりこの方へざらり、ざらざらざっと風の上げたる古簾、つれづれもなき心よ

と囃して謡い、

難波津に咲くや木の花冬籠り今を春べと咲くや木の花、と栄え給ひける仁徳天皇

と。これは難波の皇子の御事と重ねて説明しています。また古くは安積山の采女の盃とりあえぬという仁徳時代の倭歌のはじめといわれる古歌までも並べて、津の国の難波の春は夢なれや、と結ぶのです。この曲は大変調子がよくて、謡っていても晴れやかで手拍子でも打ちたくなるような、謡曲には珍しい浮き浮きしてくる謡です。

つまり、この謡の原作者は貧しい蘆売りの口を借りて、博多における仁徳天皇時代の善政や華やかに栄えた難波の古い都を語りたかった、二人の男女の情けを演じるその「舞台」を、その土台の大地をこそ詳らかにしたい、これがこの作者の意図ではないかと思ったのです。しかし、読みの足りぬことに今頃気が付きました。それはひとたび雨風が来た時、この土地の産物、蘆の古簾はざらざらざっとひとたまりもなく飛ばされてしまって今は跡形もないことに、この作者の深い悲しみと諦めが沈んでいたのです。それは浮き浮きした曲の陰に隠されていました。謡曲は殆どが仏教的追善ものか、人間の深い業を語るもののようです。この曲もやはり、明るいばかりではなかったのです。

仁徳天皇は高殿に登り民の竈《かまど》の煙の上がらぬのを憂えて、三年の課役を止めて民の潤うのを待ったという、その善政を国書に特筆される天皇です。しかも謡曲はこれが博多の天皇だというのです。国書とどちらが本当でしょうか。

関西摂津の高津（今の新幹線大阪駅の辺り）が仁徳天皇の宮跡だと聞きます。しかし何の遺跡も残ってないのではないでしょうか。子供の時から遠足に行ったことも噂に聞いたこともないのです。これだけ民のために尽したという天皇をです。

大阪の南、堺の街からそう遠からぬ所に、あの有名な巨大仁徳古墳が父天皇の応神古墳と共にデンとして静まってあるのです。しかしあの古墳の前で、昔の善政を称えて大阪人が大挙して押しかけ踊り狂い喜んだという話など、全く聞いたこともありません。

私は思います。これは人攫《さら》いです。仁徳天皇は攫って行かれたのです。事蹟もろとも、国書に攫われたのです。博多の宮殿から三百年も経って居心地の悪い関西へ、国書『日本書紀』成立と共に連れ去られたと理解するよりほかありません。国民の全く与《あずか》り知らぬことです。だからこそ謡曲作者は、ざらざらざっと風雨が巻き上げたと言っているのです。

そうして地元の「津の国難波」では仁徳天皇亡き後も毎年称えてお祭りして来たのでしょうが、天皇の歴史が関西へ行ってしまった後はお祭りの喜びの意味も分からなくなって、それでも春が来ると毎年浮き浮きと謡曲の中の佐衛門のように昔の歌を謡い踊り、長く先祖の踏襲してきたしきたりを続けて、何となく安心しているのではないかと考えます。司直の手により止めよと命令されても、オランダ語に変えてでもこの祭りを続けたいとは、私は博多人の因縁ともいえる不思議なエネルギーを感じないではいられないのです。

今ふうに言えば遺伝子のなせる業とでも申しましょうか。今も謡曲の言うように梅の花笠を被っておもしろ可笑しく、踊りながら喜びを表すのでありましょうか。ちなみに、梅花は謡曲『老松』にいうように九州王朝の象徴であり紋どころなのです。

平成十四年三月七日

弱法師《よろぼし》

『弱法師』の粗筋は、

「河内の国高安の里の名のある家に生まれた少年が、罪なくして家を追われ、悲しみのあまり盲目となって乞食の境涯に身を落とし、人の憐みを求めてよろめき歩くという。頃は如月彼岸の中日、観音を信じて彼は梅の花咲く難波の四天王寺へ施行を受けようと、よろめきながら来るのです。ところが人の讒言《ざんげん》により我が子を捨てたことを悔いた父親が、人出の多いこの四天王寺へお参りに来て偶然我が子を見つけ、観音のご利益を喜び、伴い帰る」

というものです。梅花匂う難波津の春、仏教初伝の頃の仏閣を中心として、殷賑《いんしん》を極めた博多（難波）の物語です。河内国高安とは今の武雄の近く、おつぼ山神護石の辺りではないでしょうか。佐賀県です。高安とは烽火のあった所と聞きます。父親は随分遠い所までこの仏に祈りたいと出かけてきたのです。いかにこの寺が筑紫だけではなくて各地に知れわたっていたことかと察するのです。

ところが例によって、関西の謡曲作者はこの四天王寺を大坂に据えて、摂津の国を津の国難波と言い換えて（この時代関西に難波はありません）、大阪の四天王寺の話と思わせるように書いています。従って河内の高安も東大坂と見てくれるようにと書き直しているのです。また須磨明石等と「博多の難波」とは何の関係もない地名を差し込んでみたりしています。しかし、この謡は概ね原作のままではないかと思えるほど言語表現が素晴らしく曲ともよく合っています。そこで、私は筑紫の物語であることを明らかにしてみたいと思い立ちました。

　この謡曲は言います。仏教興隆に伴い日本最初の仏閣を「津の国難波津」に建てられたのは上宮太子《じょうぐうたいし》であると。大阪は「摂津」の国で「津」の国ではありません。寺の名は四天王寺と。そこまでは博多の辺りを思い浮かべて頷きました。ところが次の文字に私は仰天、なんとご本尊は「救世観音」であると。

　救世観音が何故この謡曲に？　しかも日本最初の仏像であると？　思いも掛けぬ文字に出会って、心臓は早鐘を打ち、目はもう点になって、体がしばし硬直する程の驚きを今も忘れられません……。

　西暦七〇〇年、九州王朝滅亡後、種々の宝物が大和へ送られてきたことは承知しておりました。正倉院の御物も七支刀も、種々の仏像も果ては宮廷女性まで……。そして、無冠の王といわれる名も知らぬ王様達までが大和へ続々と拘引されたさまが『続日本紀』に見受けられるのです。無冠の王とは王の位を剥奪された九州王朝の王様達でありましょう……。しかし、救世観音までもが九州宮廷にも等しい博多四天王寺のご本尊であられたとは考えもしなかったのです。「救世観音は法隆寺」と相場の決まったものと認識していたのです。

思えば驚く方がおかしいのです。釈迦三尊という、九州宮廷にとって最も大切と思われる仏像さえ、容赦なく大和へ送られていることを既に教わっていたのに、です。

救世観音とは何処にもここにもある仏ではなく、この隠れキリシタンの如き名の仏は、恐らく日本にただ一体、大和法隆寺のいわく言いがたき因縁付の仏ではありませんか。この仏が仏教の先進国九州王朝において、我国最初にできた仏閣に、しかも最初の仏像として作られ祀られた仏様であったと謡曲は言うのです。謡曲は誰も一度も漏らしたことのない歴史を、『記紀』が一言も語らぬ歴史を、恬然として『弱法師』の一節の中に胸はって語っているのです。

この仏像は上宮太子のお姿を象ったものであるといいます。博多の四天王寺に在ったはずのこの仏が、はるばる大和の法隆寺へ運ばれたのは確かなことです。それは今も八角堂の夢殿に在《おわ》すのですから。しかし、この仏は明治十七年、アメリカ人フェノロサの手により戒めを解かれるまでは未曾有の虐待に遇っていたと。五百ヤードにも及ぶ白布で息もできぬようにして全身縛り上げられた上、厨子に込められ鍵を掛けられ、夢殿のなかへ蛇とネズミと埃にまみれて、末代開けぬという寺の言い伝えで夢殿の外からも厳重な鍵がかかっていたといいます。僧侶の制止を振り切って、外国人が開けたのです。千二百年もの獄舎に押し込まれて在した仏さまということです。

しかも長い長い白布の戒めを取り去った時、もうもうたる埃の中から出てきたお姿は後ろ半身はこわされて、頭も胸もところ構わず五寸釘が打ち込まれていたといいます。いえ、今現在もそのままの姿であの重そうな光背を頭骨に打ち込まれたまま少し前屈で立っておられる由。ああそれは余りにも重く、過酷の年月でありました。こんな残酷な話を……、私はもう書けません。これは昭和四十八年に出版された梅原猛氏の『隠された十字架』[八]に拠るものです。氏の渾身の力作と存じます。その後この仏を修理したという話は聞きませんので、まだ仏像にも似合わぬ赤いカーテンの中から前身だけを見せておられることと思います。しかしこの仏が再び日の目を見られた時からもはや百年以上。何時までこのような無惨な上宮太子を、日本人は捨てておけるのでしょうか。知らぬが仏とは……。日本人は知らないのです。なんにも。『記紀』を盲目的に信じて一歩も動けぬ学会と国民です。私もそうでした、古田武彦氏の学説を存じ上げるまでは。

この方が……、あの十七条の憲法を日本において始めて作られ、法華経や勝鬘経の講読をされて初めて我国に仏法を広められたという、十人の言を一度に聞き分けられたともいう傑出の名君であったのです。利歌弥多仏利です。「利」という一字名の上宮太子でおわしたと思われるのです。[九] 私はこの太子が亡くなられた後、諡《いなみ》として聖徳太子と改めて筑紫では言われて来たのではないかと、どうしても思えるのです。九州年号に「聖徳」というのも見受けられます。謡曲ははっきりと「ジョウグウ太子」といっています。太子のご前生は宸旦国の思禅師であり、如意輪観音の応化《おうげ》とも言われていたと謡います。しかし、この曲ができたときは太子はまだ生きておられて、謚の「聖徳太子」とは謡曲は言ってはいません。九州には天子の宮殿跡と見るところには上宮、中宮、下宮と宮跡が在る由。宝満山にも阿蘇の山裾にも上宮、下宮が在るときき ます。「斑鳩のかみつみや」等と舌噛むような変な言い方はしないのです。

聖徳太子といえば誰がなんといおうと厩戸王子、国書がそういうようですから。しかし思ってもみてください。推古天皇は女帝です。立派な跡継ぎがいれば、さっさと譲って楽もしたいが人情です。それが厩戸は四十二歳にもなりながら、とうとう死ぬまで天皇にもなれなかった人物です。私はこれを見るだけで甚だしく凡庸な男子ではないか、とても憲法十七条だの、仏法を初めて国に広めた等という人物とは……、人違いも甚だしいと思います。そうお思いになりませんか。

それに『書紀』に二十九年二月五日「厩戸豊聡耳皇子命、斑鳩宮に薨《かむさ》りましぬ」とあり、決して「聖徳太子薨《こう》ず」とは記してはいないのです。厩戸と聖徳太子とを同一人物と思わせるように巧みに書きながら、最後の死亡記事には、ここぞとばかりきわどい逃げの一手を打っているのが解るのです。

厩戸の一族は斑鳩に居住していました。そしてここで一族が滅んだことは確かでしょう。しかし権力の手で滅びたのはこの家だけでしょうか。古代史を少し繰れば五指には余るほどもあるのです。にも拘らずこの家一族の恨みばかりを何故過大に強調しなければならぬのか。私はこの斑鳩一族の滅亡を利用したのであると思うのです。隠れ蓑として、聖徳太子、聖徳太子と吹聴しながらその実、滑稽なまでに朝廷のやたらと何かを恐れおののくその的は最初から九州王朝へ向けられていたものではないのかと思うのです。その戦後処理の余りにも理不尽な大和朝廷のやり方、同朋への心なき仕打ちを、それら誰が聞いても呆れるばかりの人でなしのやり方を。さすが神仏への恐れからか、偉大であった九州の上宮太子イコール聖徳太子への恐れへと向かっていったものと思わざるを得ません。

しかし、梅原氏渾身の力作も、九州王朝実在概念の導入が全くないために、恨みの相手が厩戸では、のれんに腕押し、手応えもなくて、これでは大和朝廷の一人芝居、朝廷の病的神経症としか思えなくて、折角の力作も本当に惜しいと思うことです。

いまも不思議な微かな笑みを湛えて、何事もなかったかのようにすらりと立たれる救世観音。仏像には不似合いなカーテンの陰に後ろ半身を隠して、何時までこのようなお姿でと嘆くのは私だけではないはずです。日本人の九十パーセントは仏教徒だと言います。この日本の国に最初の寺に、初めての仏としてお立ちになったこの観音菩薩。そのときこの国の人がどれ程喜び喝仰したことでしょうか。

折角このどうしようもなく乱れた日本を救うてやろうと仰せであられるものを、千二百年前、厭魅《えんみ》され毀されたままのご身体で余りにも痛わしく勿体ないことと、皆様お思いになりませんか。ささやかな力でも、みなで合わせて見たらなんとかならぬものかと思うことです。

古田史学によれば、上宮太子の父天皇は多利思北弧。「日出る処の天子、日没する処の天子に書を至す、恙なきや」と隋国へ書を送ったという、初めて日本において天子を名告った方であると言われています。華の如く豊かに輝いたこの国の爛熟期でありました。この謡曲

『弱法師』の曲の中も、梅花薫る誠に華やいだ活気あふれる難波の都をこの世の春と謡い上げて、この寺と仏を讃仰しているのです。

このとき太子を象ったというご本尊救世観音の、千年の虐待と流浪の未来を誰が想像できたことでしょうか。

平成十三年一月十九日

国栖《くず》――壬申大乱

謡曲の中に『国栖』というのがあります。これは壬申の乱といわれる大事件の時、天武天皇が吉野へ逃げ込まれる過程の道中で起こった事件を謡曲に作ったものです。天皇は大和王朝の追っ手に迫られて危うい苦難に遭い、国栖という土地の主領の一族に命を助けられたという物語です。

最初にこの話を書いた作者はともかく、これを謡曲に仕立てた後世の作者の目には当然、この舞台とされる吉野という地は大和の吉野山。翼ある虎と恐れられた人物、天武天皇（天渟中原瀛真人）の逃げ先も当然この吉野山を想定したお話です。そして壬申の乱の舞台も真に小範囲のものであり、大和と美濃、山崎に終わった如くにこれまでの歴史は理解されてきたことです。しかしあの吉野山の頂上へ登る道は間道を入れても知れたもの。各々封鎖すれば瞬く間に袋のネズミであり、翼の虎の形容は余りにも不自然なのです。

古田武彦先生も以前から大和の吉野は他にもいろいろと歴史的に当てはまらぬことありとお考えのようでありまして、先般ついに、この吉野は大和の吉野山にあらず佐賀県の「吉野が里」がそれに匹敵する吉野であると発表されました(一〇)。私も大和ではおかしいとは思っていましたが、吉野が里とは本当に思いも掛けぬ所で大変驚いたものでございました。そして昨年の秋、『「邪馬台国」はなかった』出版三十周年のお祝いの期に、『壬申大乱』と題する、かつて人の指摘したこともない九州佐賀の大事件とする歴史書をお出しになりました(一一)。大変な力作を拝見させて頂いたものでございました。私もその時、お祝いの気持ちに添えて「謡曲にも天武天皇は九州へ逃げたといっています」と、本当はそう申し上げたいと切に思ったのでございましたが――。悲しいかな無いのです。見つかりません、「国栖」という文字が、地図に。探しました、福岡県も佐賀県も折あらば。もうぼろぼろの地図を広げては何とか見つけたい、何としても『国栖』という謡曲が九州の物語であることを証明したいと、その思いが消えぬまま日が過ぎました。土地勘の無いことは本当に悲しく一年見送りました。思えば、鉄道と幹線道路を吉野が里から有明へかけて行ったり来たり、「国栖」を探して地図の上に目を走らせてばかりいたということです。

ところが昨日偶然、九州の昔のガイドブック(一二)を何気なく手にしてパラパラと。何と何とそこに「日田」「天が瀬」「玖珠」とあるではありませんか。地図にも大きな字で並んでいるのです。あれほど苦労して探し求めた「国栖」が「玖珠」として筑後川の真ん中辺り。ここは筑後川の上流でこの辺りの流れを玖珠川というらしく、川の名までもが堂々と出ています。ここは北側には日田の町もあり、その並び東に玖珠の町が開けています。思いもしなかった所です。天武天皇がこんなルートで逃げ込まれたとは。ここは水郷で今も鵜飼いで有名の由。古代の幹線道路は川であったと、今更のように迂闊さを思い知った次第です。

謡曲の国栖とは字の違う玖珠ですが、恐らく同じでありましょう。天皇は筑後川をここまで逃げ伸びた時、大和からの追っ手が迫ったのです。地方の小さな首領であった国栖と言う翁と姥は、その時舟で多分鮎でも漁って帰って来た所でした。

翁と姥は高貴の人の危険の迫るのを知るや、咄嗟の機転で舟を伏せて天皇を隠してこの難を去らせるのです。そして家へ伴い「二、三日、供御を近づけ給はず」と言う天皇に国栖川（玖珠川）にて釣った取りたての鮎を焼き、姥は根芹を洗って供御に供えたと。「蓴采《じゅんさい》の羹《あつもの》、鱸魚《ろぎょ》、とてもこれにはいかで勝るべき」「朕帝位に上らば翁と供御とを召さん」と言って深く感謝された由。その後、天武朝廷において元日のお祝いには必ずこの翁が参上して喜びの舞を舞ったと謡曲は言い伝えるのです。

この後、天皇は筑後川を西へ下り有明の海の側に進駐していた「淑き人」に会われて、淑き多良人の協力を得て関西における戦いにのぞみ、天智朝を倒してこの乱は終わります。

私は古田武彦氏の『壬申大乱』を取り出して再び読ませて頂きました。そして自分の本の読み方の杜撰なこと、飛ばし読みの失礼さを、半分より理解できていなかったことを心より悔いたことです。もっとちゃんと隅々まで理解していたなら玖珠の在所くらいはすぐに察することができたのです。それはこの戦いに大きく力となった大分の君恵尺。この君の勢力範囲は玖珠川のすぐ南ではありませんか。天皇がここでひとまず船を捨てたことも、恵尺の援けを得るためであったと思えるのです。

九州における大きな中央部勢力の九州王朝からの離脱は、薩夜麻君にとりこれは痛手であったことでしょう。天武が筑後川を遡り玖珠の地でしばし身を隠そうとしたことも、やはり大分の恵尺を頼ってのことではなかったでしょうか。親唐勢力の筆頭は恵尺であったと書かれています。

また、いつものことながら古田先生の余人を許さぬ博学の凄さを、詩経の中の「淑き人」を示されて天武の万葉歌を解読され、天武は詩経にも造詣のあった人物と看破されました。

余人の容喙を許さぬ万葉解釈であり、壬申の乱を述べることの決め手として後世の歴史に長く残ることと存じます。

この壬申の乱前、天智天皇と藤原鎌足との接近を、対唐戦闘態勢からの離脱と方向転換を密約するための大和来訪と見抜かれております。この時既に恵尺君、鎌足、大和天皇家の親唐態勢はできあがっていたと。天智亡き朝廷はこのことをよく知っていたために、天武の吉野行きを虎に翼と恐れたのであると。よくこれほど透徹した解説をなされた歴史書をお出し頂いたことと今更のように思います。

鎌足も昔から出生地が定かでなく、謎の人物と言われてはきましたが、密命を帯びて九州朝廷から派遣された使者ではなかったか。そして大和王家からは高位の来客として遇されたのではないかと私も考えて、以前に鏡王女を書かせて頂いた時に記したことがありましたが、やはり筑紫の人物に間違いはなかったのは良いとしても、鎌足の九州王朝からの離反の事実は結果的にはそういう形になってはいますが、ここではっきり事実の展開を目の当たりにするのはやはり私には驚きです。王朝の神代からの臣であった家柄を思えばです。人びとが後々余り彼をよく言わなかったのもこの辺りに原因があるのでしょうか。

『万葉集』巻十七に、大伴家持が親族大伴池主に当てた私信の中に「……俗《よのひと》の語に云へらく、藤以ちて錦に続《つ》ぐといへり。……」とあります。錦とは美の象徴、まさか大伴家のことではあるまいにと思いながらも、印象的で意味不明で解けぬ謎の言でありました。このほど改めて「錦」とは何かと辞書に頼れば、金糸銀糸と共に極彩色の絹糸で織った厚手の絹織物とあり、これは最高に艶やかで上等な織物をいうと解りまして、錦を纏《まと》う女王、比ぶべくもないもの「筑紫朝廷」を指したものと漸く理解致しました。

これは藤原家がいずれ近い将来、九州王朝に取り代わり大和に君臨するであろうと予言したものでありましょうか。大伴家だけの囁きではなくてこれが貴族社会や世情の囁きでありましょう。何れにしても壬申の乱前後の世の空気であり、噂のとおり藤はその後千二百年を夢の如くに咲き誇ったのです。最後に一言申し上げたいのは「藤以ちて錦に続《つ》ぐといへり」のこの文言は、古田武彦氏の九州王朝実在学説なくば絶対に解けぬ文言であり、永久の謎となるはずです。ひいては『万葉集』そのものの理解もまた然りと言えます。

平成十四年十一月二十五日

小野小町

天下の三大美女はと問われれば、ひと昔前までは必ず、小野小町、楊貴妃、クレオパトラと答えたものです。今ならモンローやヘッバーンなどが挙げられるやもしれませんが。

その美女第一人者小野小町は、素性も家も殆ど知る人もなく謎の人と言われてきたのです。ただ百人一首の中にのみ、優雅な姿を留めるので宮廷女性であることは想像がつくのですが、さりとて平安時代の紫式部をはじめあの絢爛たる宮廷サロンの才女の一人かといえば、不思議なことに彼女の居場所は全然ないのです。何々天皇の后に仕えたという記録もない。では何故これ程、世に知られた存在なのかといえば、これは唯一謡曲が人々に語り続けてきた結果ではなかったでしょうか。例えば『草子洗小町』『通小町』『卒都婆小町』『鸚鵡小町』『関寺小町』と五曲も謡いつがれてきたのです。

曲の中では彼女は確かに宮廷に仕えながら、その足跡が京都にも大和にも無いことがこれまでの人の不思議であったのです。ただ、深草の小将が通って来たという唯一の地名を頼りに、漠然と京都の女性と思われてきたもののようです。私はこの程『草子洗小町』という最も若く美しい時代の彼女の曲を見直して見て、世の人々の見当違いの認識を指摘できるのではないかと気が付きました。

この曲の粗筋は概略申し上げれば、内裏の御歌合せの会の折、天皇出御の席で小町と大伴黒主が相手と決まり、到底勝ち目のない黒主が前日、小町の家へ忍び入り、小町の詠歌を盗み聞きして万葉集の余白に書き込み、涼しい顔で出席するのです。そして、小町が自分の歌を詠進した時黒主はこれは万葉の古歌であると言い張ります。小町に証歌を出せと言われて、黒主は万葉集を見せます。小町は一旦は窮地に立ちますが、小町に見破られ、その万葉集を洗うことの勅許を得て水で洗うのです。すると入筆は文字が消失してしまいます。今度は黒主が面目を失い立場がなくなるのですが、小町はそれを慰め取り成して、自分は舞を舞ってその場の空気を和らげて会が終わるという話です。

さて、この会の始まる前、慣例として一同が歌聖として崇める柿本人麻呂の歌を紀貫之が読み上げます。

ほのぼのと明石の浦の朝霧に島隠れ行く舟をしぞ思ふ

と歌ってから会が始まるのです。明石の浦とは何処を指すのでしょうか。これは兵庫県ではないはずです。『万葉集』に、

見渡せば明石の浦に焼《た》ける火の秀《ほ》にぞ出でぬる妹に恋ふらく（三二六）

（門部王）

とあり、難波にて漁父《あま》の燭火《ともしび》を見て作れるとあります。難波から見て明石の浦が見えるというのです（難波は博多）。同じく『万葉集』三八八に、

……居待月《ゐまちづき》　明石《あかし》の門《と》ゆは　夕されば　潮《しほ》を満たしめ　明けされば　潮を干《ひ》しむ
潮騒《しほさゐ》の　波を恐《かしこ》み　淡路島……

とあり、この二歌共に兵庫県の明石などではなく、明石浦、明石の戸とは博多からのぞむ海、志賀島と能古島の間、潮の干満の激しい海、博多湾の入口の海のことではないでしょうか。万葉当時の難波は博多のことと見なければなりません。この他にも『万葉集』一二〇七

に博多湾の粟島を歌うものに「明石《あかし》の門《と》波いまだ騒《さわ》けり」があります。こうみて来るとこの歌会は博多の都、難波の宮殿におけるものと思わねばなりません。するとこの柿本人麻呂という歌聖も九州王朝に仕えた人物と見るべきではないかと思うのです。

この時の小町の歌は、

蒔かなくに何を種とて浮き草の波のうねうね生ひ茂るらむ

と詠進しています。これは海を知り波を身近に暮らす人でない限り出てこぬ発想ではないでしょうか。京都や奈良の女性に内陸部の人に波や海が謡えましょうか。その上小町は黒主のために絶対絶命に追い込まれたとき、必死に呪文を唱えます。神に祈ります。それが「出雲住吉玉津島」なのです。関西人がこんな呪文を唱えましょうか。彼女は自分の先祖の神に祈ったのです。佐賀県出身ならではの文化の違いを感じます。玉津島は玉津島明神であり和歌三神の一人、衣通姫を祀る神社とあり、小町はこの衣通姫の流れを汲む生まれであり、美しいのはさこそと忍ばれるのです。彼女は出生不明どころか、佐賀県生まれの所縁ある立派な貴族の出であることがわかるのです。

紀貫之もまた、紀の国の生まれ。つまり紀とは「基肄」「椽」「基」「柞」「紀」「雉怡」と三養基郡辺りを指す場合と佐賀県全体を指す場合とあり、何れにせよ佐賀県出身に違いはないのではないかと思います。そしてこの座にいた凡河内躬恒も佐賀県武雄辺りの人物と見るべきです。それは河内という地名によってそう感じるのです。大伴黒主もその他の歌仙も多分倭国の人ではないかと。何故なら宮中に仕えているのですから。そうです、この宮中天皇家とは九州王朝でなくてなんでしょうか。小町を始め六歌仙の籍は、大和や京都にはなくて九州の王朝にこそあったのです。謡曲が九州王朝の歌謡であることを思えば不思議はないはずです。

紫式部が源氏物語を認めたのは西暦千年頃。既にかな文字にて書いています。貫之は式部よりは以前に生きた人、つまり年上といわねばなりません。この九州王朝での歌合せは、一体何時頃のことでしょうか。王朝の瓦解は西暦七〇〇年、敗戦は六六三年。敗戦混乱の最中、歌会でもないでしょう。また、王朝崩壊以後の歌会は考えられません。そのため、年代の測定は難しいですが、少なくとも紫式部よりは百年かそれ以上は昔の人達と考えたいのです。京都を探し廻っても小町はいないはずでした。

小町はこの歌会の後、敗戦の渦に巻き込まれたのではないでしょうか。盤石と思われていた九州王朝でさえも雲散消滅したのです。そこに仕えていた宮廷人が無傷に過ごせるはずはありません。敗戦後の物の価値観の逆転した坩堝の中へ否応なく投げ込まれれば、零落の憂き目を見るのは小町だけではないはずです。現代の敗戦でさえ、闇市場の筵の上には陸海軍大将等の勲章の類が子供の玩具のように並んでいたという話は未だ耳新しく残る現実です。大切であった従来の家宝も一升の米にも足りぬ値打ちであったことを思い出すのです。しかし百歳までも小町が乞食となって彷徨っていたという謡曲の話には頷く訳にはいきません。当時文字を知る人間の珍しい時代、さすが貴族の彼女は、女性でありながら見事な歌を詠み、文字を書き、六歌仙の第一人者と言われ、しかも宮廷の作法や有職故実にも通じたであろう教養人であり、その上、扇を持てば天女の如く見事に舞うこともできる。しかも、黒主の如き卑しい人間にも心優しく、かくのごとき絶世の才女を誰が何時までも捨てて置きましょうか。如何なる激動の時代が押し寄せようと必ず時が経ち落ち着けば、人の価値も見える時がくるはずです。

彼女を主人公とした謡曲五曲の中で、最も若い時代のもの『草子洗小町』だけは九州における作と見るのです。しかし、その後の四曲は彼女を見る目が全然違っています。愛情と好意、美に対する憧憬が皆無なのです。

これは思うに西の国が敗戦したことも、一国が滅亡したことも、何一つ知らぬ暢気な暢気な関西人の手により作られたものと考えざるを得ません。小町の生きた時代が解らぬまま、飛び切り美しいと噂のある女性が零落したと聞きかじり、関西人の知識の範疇ではその素性も理解の外であったに違いなく、それ故彼女を宮廷女性あがりの全く架空の浮浪者として、ただ不思議な美しいだけの根無し草と捉えて、面白おかしく無責任極まる物語を創作するに至った。まるで因果応報の見本であるかの如く「美しきものは驕慢の罪あり」と言わんばかりに次々に四曲も書き募ったと私は見るのです。小町を鬼婆に仕立て上げたこの謡曲作者は、余程美しき者に縁の無い気の毒な御仁か、美に対して恨みでも持つ男性であったかと思われますが、因果応報の仏教的道徳を一方的に押しつけた戯作なる作者というほかはありません。

一国滅亡の中で国民均しく地獄をみた時、これをしも因果は応報といえるのか、私は釈尊に是非伺って見たいという思いがいたします。

「九州に王朝があった」、この概念を据えた時、初めて見える小野小町の姿なのです。その素性も判明した今、彼女の名誉のためにも四百年謡い継がれてきたであろうこの出鱈目の四曲はもうこの辺りで廃本にして戴きたいと、泉下の小町に代って観世左近氏[一四]にお願いする次第です。

小町は老いさらばえたまま、現在も未だ出所不明の元宮廷浮浪者として彷徨っています。国民が均しく本当の歴史を知ることにより小町も浮かばれるはずです。真実の殆ど見えぬこの国の遠い昔を教えるもの、それはただ九州宮廷において謡われた謡曲のみが文字を残して歴史の実を語るものでありましょう。

平成十二年八月十五日

桜川――山上憶良

謡曲の中に『桜川』『隅田川』と題するものがあります。殊に『桜川』は誠に調子の良い謡で、晴れやかで謡会にはよく番組に出てくるものです。しかしこれはめでたく母の手に戻ったとはいえ、あろうことか人買いに拘引された子供の物語なのです。今、私は『万葉集』巻五、山上憶良の残した数々の歌を勘案して見る時、これはやはり敗戦（西暦六六三年、白村江の戦い）、王朝の瓦解に伴う筑紫の悲惨を物語る謡曲であったと気付きました。それを書かせて頂きたいと存じます。

憶良は、「子等を思ふ歌」「貧窮問答の歌」「世間の住り難きを哀しめる歌」「松浦の歌」「好去好来の歌」「痾《やまひ》に沈みて自ら哀しむ文」等と題する長歌短歌など、多くを残しています。しかしこれまでの彼に対する理解は、人物像、歌、共々長い年月、誤解の中にあったように思えるのです。第一、彼は大和朝廷の臣ではなく九州王朝に仕えていた上級の家臣であり歌人でありましょう。好去好来の歌（八九四）に唐に捕らえられた天皇（薩夜麻のこと）を哀しみ、「幸《さき》くいまして早帰りませ」と神かけて無事と帰りを待ちわびているのです。次もそうです。

大伴の御津《みつ》の松原かき掃《は》きて吾《われ》立ち待たむ早帰りませ（八九五）
難波津《なにはづ》に御《み》船泊《は》てぬと聞《きこ》え来《こ》ば紐《ひも》解き放《さ》けて立走《たちばし》りせむ（八九六）

天皇が帰られたという船がもし難波に着いたなら前ボタンも掛けないで（裸足ででも走って）迎えに行きたいといっているのです。これが大和の派遣役人でありましょうか。これは天皇が捕虜になられたことを告げる歌で、『万葉集』には数少ない箇所だと思います。また、貧窮問答歌には悲惨を極めた長歌があります。

風まじり　雨降る夜《よ》の　雨まじり　雪降る夜《よ》は　術《すべ》もなく……　寒くしあれば　麻《あさ》ぶすま　引き被《かがふ》り……　寒き夜すらを　吾《われ》よりも　貧しき人の　父母は　飢《う》え寒からむ　妻子《めこ》どもは……
……綿も無き　布肩衣《ぬのかたぎぬ》の　海松《みる》のごと　わわけさがれる……　直《ひた》土に　藁《わら》解き敷きて
父母は　枕《まくら》の方に　妻子《めこ》どもは　足《あと》の方に　囲《かく》みゐて　憂へ吟《さまよ》ひ　かまどには　火気《けぶり》

吹き立てず　こしきには　蜘蛛《くも》の巣かきて　飯炊《いひかし》く　事も忘れて　奴延鳥《ぬえどり》の　のどよひをるに　いとのきて　短き物を　端《はし》きると　いへるがごとく　楚取《しもとと》る　里長《さとをさ》が声は　寝屋処《ねやど》まで　来立《きた》ち呼《よ》ばひぬ　かくばかり　術《すべ》無きものか　世間《よのなか》の道（八九二）
世間《よのなか》を憂《う》しとやさしと思へども飛び立ちかねつ鳥にしあらねば（八九三）

ところがこの少し後に誠に不思議な文字が見えるのです。

天平五年三月一日山上憶良謹みて大唐大使郷の記室に上《たてまつ》る

とあり、これは唐の進駐軍の長格務宗に謁見を申し出たのではと思えるのです。民の余りにもひどい困窮を彼は見ていることができなかった。彼は痛む病を押して捨て身で対面の上表を願い出たのでありましょう。しかしこの後に続く文はおかしいのです、長々と自分の病気の辛さばかりを述べ立てているのです。三ページにも渡って、こんなくだらぬことをわざわざ上申に行きましょうか。憶良の述べた肝心の文意を前後に切り離して意味不明となしたもの、最後の歌九〇四と貧窮問答歌とを横に繋いでみると憶良の上申した言葉が見えるのです。「痾《やまひ》に沈みて自ら哀しむ文」を中心に入れ込んだと見ます。

……天《あま》つ神　仰ぎ乞ひ祈《の》み　地《くに》つ祇《かみ》　伏して額《ぬか》づき……　朝な朝《さ》な　言ふこと止《や》み
たまきはる　命絶えぬれ　立ちをどり　足すりさけび　伏し仰ぎ　胸打ち嘆き　手に
持《も》てる　吾《あ》が児飛ばしつ　世間《よのなか》の道（九〇四）

これが憶良の上表文でありましょう。巧妙に手を加えたものです。なんと恐ろしい時代が筑紫にはあったことでしょうか。国民は着るものも食べ物もなくて寒さに一夜打ち震えて、それでも里長の楚のなる音をききながら眠れぬまま朝が来ればそこには一家餓死の姿があると言っているのてす。そしてこれが常であると、「世間の道」と二度もいっています。憶良はこれを上申したに違いありません。格務宗は聞き届けてくれたでしょうか、知りたいところです。二十年も進駐されて唐・新羅に蹂躙され尽し、毎年の作物はどんどん船で自国へ持っていかれた筑紫の現実であったことでしょう。憶良はこれを見るに忍びず直訴に及んだのであリましょう。これまでの憶良の評価は大和からの下級役人のために自分の子供も養えず貧窮のどん底にいた人物と聞かされていたことです。憶良が子供といって歌ったのは筑紫の子供という意味で自分の子ではないはずです。

「手に持てる吾が児飛ばしつ世間の道」、憶良の言うこの状態こそが謡曲の語る人買いの跳梁する背景であったと思われます。謡曲『桜川』の物語も、親の窮状を見兼ねた幼い男の子が人買いに我が身を売って去って行くのです。所は日向《ひなた》。「ああ——その子は売るまじき子にて候ものを」と母は狂乱して後を追うのですが、人買いを見失うのです。そして常陸の国磯部寺に養われていた我が子に終に巡り会うという筋書きですが、我が故郷の御神は木華開耶姫、尋ねる子の名も桜子にて桜川の名も懐かしいと踊り喜ぶという筋書です。

最初にも記した『隅田川』も同じく人買い商人に勾引《かどわ》されて一人子を取られたと言うのです。都、北白川からといっていますが、この原作はやはり都は博多辺りのことではないかと。謡曲の原作が筑紫であることを思えばです。それに京都は未だ葛野という野であって都ではない。まして北白川等という山中に古代住む人がいたでしょうか。この謡曲の母の捜し求める子供は、一年前に隅田川の川べりで馴れぬ旅の疲れから死んだ後であった。これは悲劇に終わる題材です。謡曲のこのふたつの題材は筑紫のことと思われます。

「筑紫の北海岸はもと朝鮮のものであった」等と聞くに耐えぬ言葉を近頃耳にするのです。思うに筑紫において、戦後二十年間もの長きに渉り敵国に進駐し、蹂躙をほしいままにした彼らにとって竜宮にでも在った如き甘美な思い出が忘られず、筑紫は自分達のものであったと錯覚して言い伝えたことが長く近代まで残った言葉ではないでしょうか。

九州王朝の敗戦を垣間見る謡に『唐船』というのがあります。これは子供ではなくて若い女性が、生きるために唐人に身を売った謡曲です。子供が一人生まれ父と共に牛飼いをしていますが、そこへ唐に残して来た二人の子が、父の帰りを待ち詫びて難波へ船で迎えに来るのです。日本の子もこれは自分の父だと手を離しません。最後は日本の子も船に乗せて帰るというものですが、何れにしても子を手離して一人取り残された母親共々の悲劇です。

「古田史学」この学説が土台になかったとしたら、これまでの謡曲愛好家はどういう理解でこれらの謡を受け留めておられたのでしょうか、聞いてみたいものです。

平成十四年十月十八日

注一　観世流稽古謡本『鶴亀』檜書店　昭和三十年
二　『福岡県の歴史』県史シリーズ40　山川出版社　昭和四十九年　13頁
三　「これは老木の神松の千代に八千代にさざれ石の巌となりて苔のむすまで　苔のむすまで松竹鶴亀の　齢をさずくるこの君の行末守れと我が神託の　告を知らする松風も梅も久しき春こそめでたけれ」『観世流百番集・老松』
四　本書「中皇命の長期旅行——紀の温泉」
五　『女郎花』第二十四世観世左近著　檜書店

六　廣瀬は『文政天保国郡全図並大名武艦』人文社蔵　「筑前国」に見える。本書１６７頁参照
七　『ブルーガイド九州』実業之日本社　昭和五十七年
八　『隠された十字架――法隆寺論』梅原猛著　新潮社　昭和四十七年
九　古田武彦氏の説　カミトオリのリ「上通りの利」、ではないか。
一〇　『壬申大乱』古田武彦著　東洋書林　平成十三年十一月
一一　同右
一二　『ブルーガイド九州』実業之日本社　昭和五十七年　４２頁参照
一三　本書「鏡王女と藤原鎌足」
一四　観世流家元　第二十四世観世左近氏　観世流謡本著者でもある。

藤原氏の出自

——九州王朝の貴族

鏡王女と藤原鎌足

今回、鏡王女のことを今までの説とは違う視点から書いて見たいと思うようになったのは、以前から家にあった『大和古寺巡礼』という小型の本を読み出したのが初めでした。この本は大和の古寺が次々紹介されて写真も沢山入っていて、居ながらにして旅をしている様な楽しいものでした。その中の興福寺の所で、初めて聞く話に釘付けになったのです。

若い頃から憧れにも似た思いで描いていた才色兼備の女性「額田」「鏡」の二王女。その一人の鏡王女が鎌足の妻となっていたこと、初耳でした。しかもその上、今、大和法隆寺の本尊とされているあの有名な仏像、釈迦三尊を持仏として京都山科の私宅へ持ち込んでいたということ、これは真に驚きでした。しかもそれは再三に渡り鎌足に懇願の末に彼女は持仏にしたということ。普通の家には入り切れぬ様な不似合いな仏像を何故、懇願してまで供養したいと願ったのでしょうか。

あの仏像の前に額づく彼女の姿を想う時、しかも懇願してまでもということは、これは皆人のいう大和の女性ではないと直感したのです。それはかつて筑紫の宮廷において天皇に仕えていた高貴な女性であった、ということを動かし難いものと確信したことです。

この仏像の光背銘文の金石文は古田武彦氏の証明された如く、法興元と九州年号に始まって記されたもので、その中央におわす仏は多利思北弧《たりしほこ》の像といわれています。九州宮廷にとっては最も大切な仏像の一つであったことは間違いのないことでありましょう。多分それは宮廷にあった持仏ではなかったか。それが白村江敗戦後、怒濤のような混乱の嵐の中でその経緯は不明ながら、数限りもなく王朝の宝物が関西大和へと運ばれて来たことは間違いなく、これは華麗なる文明の、田舎への総疎開にも似たものではなかったかと想像するのです。これについてこの本の著者は、興福寺の宝物館のあり様を見たまま素直に描写していて、「開放的な空間の中でそれぞれ異なった諸像が各々発する光と影は錯綜し交雑して何か罹災者の群れのデモンストレイションの様である」と。雑多と並べられた、しかも隣同士なんの関係もない仏像達の様子を「罹災者の群れ」との表現は真に鋭い作者の直感。この文章は強烈に印象に残りました。私は思い出したのです、京都妙心寺の梵鐘のことを。これは九州観世音寺のものと一対であったものでその片方であること、大八車で売りに来たのを寺が買ったということ、いかに九州の宝物が分散したかということを知る確かな一例です。

興福寺は藤原氏の建てた氏寺であることを思うとき、鏡王女も藤原氏も九州宮廷とは深い関係にあったことを知るものです。鏡王女をいうとき藤原氏が何処に根拠を持った氏族か、また鎌足の出身は？　ということです。鎌足は今まで鹿島・香取あるいは大和とその出身を言われてきたのは、それらには結局その痕跡のないことに因するのではないでしょうか。やはり私は天児屋根命以来、天孫降臨の始めより中富親王―中富家として、連綿とした由緒ある九州倭国天皇家輔弼の臣として続いてきた家柄ではないかと思うのです。『大織冠伝』に拠れば鎌足は「大倭の国、高市郡藤原の第に生まる」とある由。ちゃんとこれほど歴然と「タイワ」の国といっているではありませんか。九州の大倭以外、何処に大倭があるのでしょうか。古田史学に長年親しませて頂いた私には大倭と大和をまるで混同しておられる今の（昔も）歴史学会の理解の程が不思議です。大多数の歴史の高名な先生方にこの縺《もつ》れたところから見直して欲しいと思うこと切なるものがあります。

佐賀県南部にも鹿島があります。この辺りにも古代藤原氏を名告る一族があったのかも知れません。これが常陸の鹿島と混同されたものではないでしょうか。佐賀県の方が王朝に近くて信憑性があると思うのです。また、高市郡を探しましたが、よそ者の私には見当も付きかねたのですが、最近『万葉集』を繰っていたとき見つけたのです。

……高市崗本宮、後崗本宮、二代二帝、各異れり。但、崗本天皇といへるは、いまだその指すところを審かにせず（四八七）

と万葉編者は断っています。この崗の文字は須玖崗本の崗、有名な古代遺跡、鎌足の出身地はこの辺りかと納得することに致しました。「藤原」は鎌足が晩年に天智から貰った名前ということでしたが、これも最初から付いていた地名であったということでしょうか。

藤原氏が大倭国九州人であった証拠として今一つ、藤原広嗣の乱があります（七四〇年）。多分、九州王朝主権奪還の戦いではなかったか。広嗣は太宰小弐で宇合の第一子、鎌足の孫に当るのです。その弟の綱手と共に九州全土に大号令を発し、一万六千の動員に成功しています。終には、大和の大軍に負けはしますが、今でいう師団、遠賀軍団、御笠軍団、大隅の隼人軍団などが馳せ参じたのです。もし広嗣が学者の説のように大和からの派遣役人であったなら九州各地からこれだけの大軍を集結させ得るでしょうか。九州男児背骨精神の表れと理解しています。これを見ても藤原氏は九州に根拠を持つ氏族と納得して頂けましょうか。

これは謡曲ではありますが『海士《あま》』というのがあり、鎌足が妹を人質として唐の国へ差し出したと言います。その返礼に唐国から宝ものが三つ届くのですが、中の一つ、宝珠を竜宮の悪神に取られたという、海岸での海の物語がここから展開するのです。その海岸は博多湾の西のはずれ糸島の支登の話として最初の作者は書いたのではないかと思っています。これは作り話かとは思いますが、不思議なことに「華原磬《かげんけい》」という宝の一つが今でも興福寺の宝物殿に残っている由、『国宝』（三）という大判の写真本で知りました。実に美しい青銅製で、鐘を叩く道具だそうです。細工が精巧で国宝というだけあって、とても日本製とは思えません。しかし、これを説明している学者は謡曲の話かと、頭から偽物と決めつけて「これは日本での再製品」とあっさりコメントしていますが、再製の証拠でもあるのでしょうか。誰が何のために再製する必要があるのですか。どうせ謡曲の作り話なら実物などどうでもいいことです。宝物殿に罹災者の群のごとき仏像達と一緒にして放り込むだけのために国宝級の物を偽造して、人を騙して喜びたいなどと考える暇人がいるものでしょうか。私には考えられません。この謡曲も鎌足の一族が筑紫に住んでいたことの形跡の一つかと思うことで掲げて見たまでです。倭国が唐の国に敗戦したことは確かなことですから。

鎌足は大和宮廷に忽然と、という感じで現れる人物です。しかしこれまでの説では彼を身分のあまり高くない、むしろ卑しく狡智に長けた人物と見てきた感がありました。位も連姓であると。本当でしょうか？『万葉集』に見る限り子息の宇合は大夫と肩書きがありますし、本人も藤原郷とあり、藤原と姓のある人は朝臣（九州での位）を貰っています。一族そう卑しい身分の出とは思えないのです。彼は蹴鞠の庭で天智の沓を拾い捧げたという話があるために身分低く思われているのではないのでしょうか。

鎌足は倭国王朝において天皇側近の重臣であったと私は思っており、何等かの特命を帯びて大和へ潜入、大和ではこれを来客としてもてなしたのではないかと考えています。孝徳天皇は単身で訪れた鎌足に歓待の表れとして、自分の妃を暫定妻として与えます。（この習わしは大和、京都の宮廷では中世に至っても続いていたらしく『とはずがたり』という古典にも自分の妃を一夜妻として、来客へのもてなしにする話が出ているのです。）

また、有名な中大兄（天智）との蹴鞠の話も鎌足を宗主国の使者として招待したのではないかと考えます。蹴鞠をする場所は身分卑しい者や他所者が覗き見できる様な場所ではなく、寝殿の前の内庭であり、これはもてなしの一つであったと思えるのです。鎌足がこのとき突如として歴史に現れることの不思議はこのように理解するよりほかはないと。今でいう単身赴任でしょうか。

「鏡王女」「額田王女」このような立派な名前は、大和の豪族の娘や天皇の姫でさえ大和大王家には無いのです。倭国の王朝では天皇をオオキミその妻をキミというとあります（『魏志倭人伝』）。この有名な二王女は倭国の宮廷に仕えていた高貴な妃ではなかったでしょうか。日本の宗主国、倭国王朝の富と高度の文化的洗練のなかで培ったその高い教養は、天性の美貌と相俟って天女の如く輝いていたのです。この両王女の名声は遠く田舎の王家、大和へまで響き聞こえていたはずです。この王朝に妃として在ったはずの二女性が大和へ、しかも釆女という実に低い失礼な身分で召し上げられたこと、これはただ事ではないのです。政治的な意図、手の伸びたことと思わずにはいられません。六六三年、白村江における九州王朝の敗戦。片や唐と通じた大和王家の大勝。時は古代。お互い「ああそうでしたか」で済んだでしょうか。古代において戦利品の筆頭は高貴な女。これは「洋の東西を問わず」が常です。私はこの二人の女性が戦利品として大和へ送られたことを疑うことはできないのです。『万葉集』九一に天皇の歌として、

妹が家もつぎて見ましを大和なる大島の嶺《ね》に家も有らましを
（あなたの家の側へ私も家が欲しい、大和に家が欲しい。）

と、天皇がこう歌っているのです。これは天智天皇が鏡王女に当てた恋の歌と解説されたものです。しかし、天智は大和の人です。それが何故、大和へ行きたいのですか。彼女の側が良いのなら家の一軒くらい何の遠慮がありましょうか。作れば済むことです。つじつまが合いません。これは倭国王朝の天皇、志貴皇子の歌であろうと思っています。倭国では敗戦後、天皇薩夜麻は唐の捕虜となり、そのため志貴皇子が代行天皇となっていた。これはその代行天皇の鏡王女に当てた歌でありましょう。九州の小島に対する本州の大島です。その嶺

とは大和のこと。あなたと共に行きたいという恋の別れの歌です。これが鏡王女の愛した天皇だったのです。優しい男性ではないですか。『万葉集』九二、鏡王女の歌として並べて相問歌が出ています。

秋山の樹《こ》の下がくりゆく水の吾《われ》こそ益さめ思念《おもほす》よりは

（秋山の樹の下を誰からも隠れるようにして行く水の流れと同じように、私も流れて行かねばなりません。でも私はあなたより、もっとあなたのことを思っているのです。）

二人のこのような別れの歌を誰が詠めると言うのでしょうか。三十一文字にこれ程の思いのたけを吐露できうる才女。これは正しく倭国王と鏡王女の今生の別れの歌であったのです。秋の水はやがて冬が来て凍るであろうと、先行き暗い心境を詠んでいます。

鏡王女のことを舒明天皇の娘という学者もあります。天皇の皇女を、後の天皇がどうして采女などという失礼な待遇で召すことなどできましょうか。また額田王女を宮中で祭司に携わる女性という学者もあります。しかし、宮中で祭司を受け持つのは中臣家の男子の仕事で、それは昭和の代までずうっと続いたはずです。神に奉仕をする女性は斎宮（伊勢神宮等）といって、采女ではありません。

『辞林』によれば采女とは後宮にて御膳のことを預かる女官とあり、お膳を預かるとはお酌もすれば天皇のお遊びの奉仕もする者をいうのです。鏡、額田二人の王女は妃はおろか、夫人の数にさえ記録されていない存在であったといいます。倭国宮廷において鳴り響いていた才女を、戦利品として得たのではないか。これは戦勝国の得た玩具であると私は見ています。その時鎌足が両国の間で何か力を至したのではなかろうか。後の天智と鎌足の後宮でのやりとりを見る時、そのような気がするのです。さもなければ、間もなく冬が来て凍るかも知れぬ秋の水に自分をなぞらえたりはしないでしょう。この鏡王女の歌には絶唱の響きがあります。以来殆ど心を吐露する歌は詠んではいません。あれだけの歌才ある人がです。一国の敗戦は余りにも重い運命として彼女を襲いました。以後の人生を貝の如く心を閉ざしたまま流されるままに生き通した、か弱い女性の一生の、しかしその芯の強さを私は見事なものとして受け止めています。

とまれ、大和へ送られて来た二人を天智は早速鏡王女を、天武は額田王女を采女として後宮に入れたのです。鏡の方が有名だったのでしょうか。鎌足は倭国宮廷の頃からその才色を知っていたのです。王女は官人達の垂涎の的でした。天智の宮殿において鎌足は王女に会うや、早速恋の歌を贈るのです。不謹慎です。采女に手を出すのは厳罰です。鏡王女の歌、

玉くしげ覆《おほ》ふを安みあけて行かば君が名はあれどわが名し惜しも（九三）

鏡王女は鎌足の大胆さを恐れているのです。しかし鎌足は間もなく、

吾《われ》はもや安見児得《え》たり皆人の得《え》かてにすとふ安見児得たり（九五）

と詠んでいます。学者によれば鏡王女と安見児は別人として扱っています。安見児は采女なりと。そう思いたいのも無理はないのですが、私の眼からはどう見ても同一人としか見えない、「安みあけて行かば」と自分の名前をはっきり言っているではありませんか。これは若い女性の少し甘えた言い方で、現代でもよく使われている物言いではないでしょうか。「やすみ」とは可愛いい名前です、鏡王女は。

天智は待望の美女鏡王女を得ましたが、間もなく不要の玩具でも捨てるように鎌足に与えるのです。孕女だよとことわりながら。生まれてくる児が男児であればお前に遣ろう、女児なれば自分が育てると、不思議な約束をするのです。天智にとって男児は数少ない一人ではありませんか。しかし何はあれ鎌足は喜びました。大喜びです「……得かてにすとふ安見児

得たり」と天智は知っていたのです。生まれて来る児の父親を。天智は鏡王女を手離すや、その手で弟天武に与えていた采女、額田王女を取り上げてしまうのです。女性にとってこんな失礼な婚姻の形は古代といえども例を知りません。まるで玩具のボールの様な目にあった豪族の娘がかつてあったでしょうか。片や結ばれて間もなく臣下に下げ、片やボール遊び。名も無い市井の娘なら知らず、大豪族の親や一族はひたすら沈黙を守る……。天皇といえども普通の婚姻なればその親に対して遠慮というものがあるはず。おかしいとは思われませんか。これについて古代はおおらかである等と羨望にも似たことを言う学者もありましたが。

そして、鏡王女は京都山科の鎌足の私宅に入りました。鏡王女を正妻と言う学者がありますが、私宅は本宅ではなく女性は正妻ではないはずです。ここは妾宅です。第一、山科から大津までは汽車で今でこそ一駅ですがそれはトンネルを使ってのことで、大昔牛車での毎日の山越え、逢阪山の登り下りの宮廷への出仕等とても無理というものです。鎌足の本宅は大津宮殿の近くにあったはずです。鏡王女はここで月満ちて男児を生みました、定恵です。幼名は真人といった由。真人は倭国王朝の臣位の名です。

定恵……。やっと九歳（満七歳）になったとき、幼い児を鎌足は僧籍に入れて仏門に預けてしまうのです。この児の生きる道を考えてのことでしょうか、それとも目障りであったのでしょうか、理解に苦しみます。それから二年後、十一歳（満九歳）の時、唐の劉仁願や格務宗が大和を訪れた時、その帰りの船に乗せて人質として唐の国へ送り出すのです。

仏教勉学のために唐へ行ったという学者があります、まだ母の膝恋しい九歳の児が言葉も通わぬ遠い国へ仏教の勉強に行きたいなどとふざけたことをいいましょうか。大昔も今も九つは九つ、人間の成長にさほどの変わりはないはずです。それから十二年、やっと許されて帰国したのです。二十一歳の立派な青年になっていました。帰国の船が百済の港に寄った時、望郷の思い止み難く、詩文を作りました。

帝郷千里隔　四域四望秋

骨も凍る詩文と人はいいます。送って来た唐の官人もこの寂寥の重さに詩文の後が継げなかったということです。そしてやっと彼は故国の土を踏みました。この時鎌足はこの世にいなかったという説もありますが、もし生きていれば何故、もう少し安全を考えてやれなかったのかと腑におちません。ともあれ定恵はやっと苦労の末に帰ってきたのです。彼は母親譲りの秀麗な面ざしと気品、生まれながらの優れた素質に仏教的修練の輝きを添えて、誰の目からもただの僧侶として一生を送る人物とは見えなかったといいます。彼の不幸せは生まれながらに、与り知らぬところに根ざしていたのです。そして彼は帰国後僅か二カ月の朝夕を故国の地で生きたきり、何者かの手により暗殺されたのでした。

「倭国王朝の種」が大和において人も仰ぐばかりになったとき、一番脅威を感じておののく者達が、彼を早ばやと抹殺したことと私は見ています。この時の母、鏡王女のことを語る書物を知りません。しかしこの世において彼の無事を日夜祈り、帰国する日を鶴首していたのはこの母一人ではなかったでしょうか。誰がこの子の存在を疎むとも、彼女にとっては総てを諦めた一生のたった一つの宝物ではなかったか。十二年は長く、やっと帰って来て、もっともっと側で語らいたかったのはこの母のみではなかったかと私は思うのです。この世でたった一度、心より愛した人の忘れ形見であったのに。僅か二カ月で死別。

九州に在った代行天皇「あなたと共に大和へ行きたい」と別れを惜しんでくれた志貴皇子は、吾が子定恵の死を知ることはあったのでしょうか。定恵の死を痛く偲ぶ時、あの仏像釈迦三尊に縋るより他なかった彼女の上を思えば、慟哭の涙のおもわずも溢れるのを覚えるのです。山科寺と言われた鎌足の私宅において、あの大きな仏像だけが九州王朝の滅亡と鏡王女の総てを知る仏であり、この仏だけが温かい眼差しで彼女を包んでいたことを信じるものです。これまでの説のように定恵がもし孝徳や舒明の子息であったら、これ程幼い日から苛酷な目に会わなくとも生きられたのではないか、これらの子息なら大和には生きる場所があったはずです。

鎌足は折角の寛げるはずの妾宅に才女を得て喜んだのも束の間、いわくいい難き大きな仏像をデンと据えられたその気詰りさは、なるほど再三の彼女の要求にも応じなかったはずであり、その経緯は不明ながら結果として大和王朝へ鞍替えしたことを思うとき、この仏像が妾宅にあることの、如何に彼にとって楔のごとき重圧的存在であったことか。にも拘らずこれを彼女のために許さざるを得なかったことは、鎌足の定恵に接した扱いの、そのうしろめたさに対するせめてもの贖罪ではなかったか。人間としてギリギリの譲歩であったと私には思えるのです。

彼女の死後、不比等が大和の興福寺へこの仏像を引き取ったといいます。「日出る処の天子、日没する処の天子に書を至す、恙なきや」と、堂々たる国書を隋の天子に送ったという天子多利思北弧。九州王朝中興の祖とも称えられるこの方の像といわれるこの仏像は釈迦三尊とも言われて、今、法隆寺の本尊として祀られている仏様です。古田武彦学説「大和王朝七〇〇年以前、九州に遠の朝廷ありき」のフィルターを当てたとき初めて展望される古代、鏡王女の生きた姿を見るのではないでしょうか。

平成十年八月一日（十三年九月二十五日加筆）

志貴皇子は天皇であった

――鏡王女と藤原鎌足・追記

鏡王女と鎌足を書き終わって、やはり志貴皇子のことにも言及する必要があると思いました。志貴皇子とは『万葉集』では一際目立つ秀歌を残された皇子です。この方の歌が好きで『万葉集』の中を追って見ました。

(一) 大原のこの市柴《いちしば》の何時《いつ》しかとわが思ふ妹に今夜《こよひ》あへるかも (五一三)

(二) 石《いは》そそく垂水《たるみ》の上のさわらびの萌《も》え出づる春になりにけるかも (一四一八)

この二つの歌は愛する妹に逢えたことの喜び、青春の輝きを歌っています。鏡王女の歌として右と隣合わせに並べて、

(三) 神奈備《かむなび》の伊波瀬《いはせ》の社《もり》の喚子鳥《よぶこどり》いたくな鳴きそわが恋益《まさ》る (一四一九)

志貴皇子の歌、

（四）神名火《かむなび》の磐瀬《いわせ》の社《もり》のほととぎす毛無《ならし》の丘《をか》にいつか来鳴かむ（一四六六）

右の四首は志貴皇子青春の歌であり、その側に鏡王女の姿が見えるのです。磐瀬の杜は古地図に見え、博多から西へ古代国道ぞいにあり、側に額田の地名もあります。

（五）葦辺《あしべ》ゆく鴨《かも》の羽交《はがひ》に霜ふりて寒き夕《ゆふべ》は大和し思ほゆ（六四）

（六）むささびは木末《こぬれ》求むとあしひきの山の猟夫《さつを》にあひにけるかも（二六七）

この（五）と（六）は大和へ行った彼女を思い、木末を求めて行った彼女を案じているのではないでしょうか。また、別に『万葉集』の鏡王女の歌の側に天皇の文字が見えて（前稿に掲げた歌九一、九二）、しかしその天皇の名前まではわかりませんでした。九州の天皇であろうとは思っていたのです。ところが志貴皇子の歌を追っているうちに不思議と裏側に鏡王女の姿がありました。思いがけないことでした。そしてその天皇が志貴天皇であったと気付いたのです。

愛し合った二人でした。しかし時は、国家滅亡の嵐が怒濤のごとく狂っていたのです。身分高きが故に、そして余りにも美しかったが故に、離ればなれとなり再び相会うこともなかった結末でした。

天皇は、国家もまた青春も総てを失って、筑紫春日三笠山の中腹、高円の奥津城に眠られたのです。『万葉集』二三〇、「霊亀元年（西暦七一五年）九月、志貴親王《しきのみこ》の薨《みまか》りまし時、作れる歌」とあり、志貴親王の死亡記事でした。

梓弓《あづさ》　手に取り持ちて　ますらをの　得物矢手《さつやた》ばさみ　立ち向ふ　高円山《たかまど》に　春野焼く　野火と見るまで　もゆる火を　いかにと問へば　玉ほこの　道来《く》る人の　泣く涙　霈霂《ひさめ》に降り　白たへの　衣《ころも》ひづちて　立ち留《とま》り　吾に語らく　何しかも　もとな言《い》ふ　聞けば　哭《ね》のみし泣かゆ　語れば　心ぞ痛き　天皇《すめろき》の　神の御子《みこ》の　いでましの　手火《たび》の光ぞ　ここだ照りたる

右の歌に続き短歌四首、

高円《たかまど》の野辺《のべ》の秋萩《はぎ》いたづらに咲きか散るらむ見る人無しに（二三一）
三笠山野辺行く道はこきだくも繁《しじ》に荒れたるか久《ひさ》にあらなくに（二三二）
高円の野辺の秋萩な散りそね君が形見に見つつ偲《しの》はむ（二三三）
三笠山野辺ゆ行く道こきだくも荒れにけるかも久にあらなくに（二三四）

以上は志貴天皇の死を悼むものです。この高円とは筑紫の三笠山へ登る中腹の円形に近い台地をいうものではないのでしょうか。ここが志貴親王の奥津城であることを知りました。後に「春日宮天皇」と謚号されたのはこの方ではないかと思われるのです。朝廷の官人達はこの高円山へ集い天皇への哀惜と共に瓦解する国家への限りない惜別の涙を捧げたのでありましょう。その時の歌五首を掲げます。これは『万葉集』最後を飾り、締め括ったものでもありました。

一　高円《たかまど》の野の上《うへ》の宮は荒れにけり立たしし君の御代遠そけば（四五〇六）
（大伴家持）

二　高円の尾《を》の上《うへ》の宮は荒れぬとも立たしし君の御名忘れめや（四五〇七）
（大原今城真人）

三　高円の野べはふ葛《くず》の末終《つひ》に千代に忘れむわが大君かも（四五〇八）（中臣清麻呂）

四　はふ葛の絶えず偲《しの》はむ大君の見《め》しし野べには標結《しめゆ》ふべしも（四五〇九）（大伴家持）

五　大君の継ぎて見《め》すらし高円の野辺見るごとにねのみし泣かゆ（四五一〇）（甘南備伊香真人）

ところが国書『続日本紀』にも不思議なことに、志貴皇子の死亡記事があるのです。

霊亀二年（七一六年）**……、二品志貴親王《しきのみこ》薨しぬ。……親王《みこ》は天智天皇の第七の皇子なり。宝亀元年**（七七〇年）**、追尊して、御春日宮天皇と称《もう》す。**

七番目だけが何故天皇と尊号を付けられたのでしょうか。死んで五十年も経ってからです。天智天皇の子息で天皇になったのは大友皇子ただ一人のはずですが、これはどういうことでしょうか。私には九州倭国の歴史からの盗用記録のように思えるのです。

『万葉集』は契沖の説によれば「大伴家持の私選としてその草案のまま今日に伝わったも

の」と言います。旅人、家持はやはり筑紫の出身と見ております。旅人は敗戦後、大和へ召される時、まさかこの佐保の家を離れるとはと嘆き、水城の上で筑紫との別れに涙しています。太宰府の長官でした。佐保は太宰府の東隣の辺りでしょう。太宰府の近く葦城の駅で別れの宴を開いています。家持はこの『万葉集』を九州王朝終焉の譜として編みたいと思ったことでありましょう。しかし、謡曲のいうように七千首もあったはずの歌が敗戦を歌ったもの、筑紫に王朝のあったことの解かるもの、そして滅亡したこと等、大和王朝に取り不都合なものは悉く捨てられたのです。二千五百首カットされ、残りは気の抜けたサイダーの如き甘い恋の歌ばかり目立つ歌集となってはいます。家持はそれでも残る四千五百首の中に、国家の滅亡する姿と筑紫人の深い悲しみを何としても織り込みたいと腐心したのでありましょう。そして倭歌の名手、志貴天皇と鏡王女との青春の日の一瞬の輝きをせめてものハイライトとして密かに編み込むと共に、栄えて繁った王朝の姿を重ねて映そうとしたものと思えるのです。『万葉集』最後の頁を志貴天皇の奥津城に集い、そこに仕えた高官たちの歌五首を掲げて、万感の追憶と祖国への惜別を込めてこの歌集を締め結ったものでありましょう。勿論、今の『万葉集』は後人の手が大いに入っていますが。

阿倍仲麻呂が日本を立ったのが西暦七一七年、この志貴天皇没後二年目でした。彼もまた筑紫を立つ時、振り返ったという歌の話は、三笠山の春日宮天皇に別れの挨拶をしたのではないでしょうか。彼が終に帰国を諦めたのも祖国が滅亡したという基盤の瓦解がその因ではなかったかと思うのです……。『万葉集』の理解も、最早九州王朝の存在なくしてはとてもまともな解説はできないところへきているのです。一日も早く歴史学者、万葉学者の方々に目覚めて頂きたいと切に願うばかりです。

平成十一年一月二十五日（十三年九月二十七日加筆）

春日神社と興福寺——不比等の贖罪

奈良の春日神社は興福寺と共に藤原氏の氏神・氏寺として不比等が建立したものとして知られています。奈良盆地の真ん中に「東」「西」と並べる如く「都の中心を象徴する」と言わんばかり、広大な面積に遠慮のない建築物であります。平城京建立と同時にできたといいます。都を俯瞰したとき平城京より寧ろ中心的な存在を感じるのは私だけでしょうか。当時藤原氏に権力があったとしても、一つの家の先祖を祀るだけなら、あれだけ立派な大伽藍と神社が必要だったでしょうか。私は以前からそれが不思議でした。

今年一月、拙文を書くに当たり春日神社へその祭神の御名を問い合わせました。ところが神社からのお答えは思っていた通り香取、鹿島の神を勧請したものと神代からの神々を祀った社ということでした。これは昔から言われてきたことです。

春日神社の年一度のお祭りには不思議なことに万灯が点るといいます。万灯とは万人の霊の一人一人に灯を捧げて祈るということではないでしょうか。では祭神は千人万人在すのではありませんか。例えば京都の西「化野」と言う町外れの地に無縁仏となった多数の遊女が埋葬されていると聞きます。年に一度盆の頃、千灯万灯とそれこそ無数の蠟燭《ろうそく》の火が参拝の人の手で供えられる由、テレビで知りました。春日神社の有名な万灯も右のごとくであって、公にいわれているように小数の藤原氏のみの祭神等ではなくて、不比等にとっては故郷、滅亡した国家全体の霊を勧請し斎くための社、ではなかったでしょうか。そのための万灯ではないかと思うのです。建立当時の貴族達は誰が祀られているかは良く知っていて、しかしこれは黙って次々競って献灯したものではないか。そして時代を経るに従い庶民も意味は知らぬまま献灯するようになり段々数が増えていったものと見ています。春日神社の祭りは今もなお、万灯が照り輝いてその華やかな美しさは他の祭りに例を見ないといいます。その上この祭りは奈良一番の賑わいを見ると聞き及ぶのです。一人藤原氏だけの祭りとしては不思議過ぎるのです。

西暦六六三年、白村江の戦いを最後に神代から連綿として栄えた九州王朝は滅亡に至りました。七百年以後大和朝廷はその政権を奪取したのです。勝者と敗者に別れた歴史は、一切涼しく口を拭って、国書を平然と作ったまま千三百年、今日に至っています。不比等はまだ生れる前か幼かったでありましょう。しかしいずれは総てを知ったはずです。聞き及ぶに未だ新しい白村江の敗戦、海に消えた数多くの英霊をはじめ、戦いに倒れた幾多の将兵。これらの霊を弔う人もない祖国の惨状であり、その御霊を祀れるのはただ自分以外にない。その地位を利用し得るのは、己以外にないと彼は痛感したのではなかったでしょうか。この国を造ってきた代々の神々、王朝中興の祖、多利思北弧天子等々。この方々のためにも、この奈良の地に偉大な伽藍を建てねばならぬ。祖国では「廟」と呼ばれた格調高き神社もこの奈良には必要である。それに藤原家氏神であったであろう春日の明神も博多の故郷から勧請したい。この思い、この決意が興福寺と春日神社を奈良の真ん中へデンと憚りもなく建てさせたのではなかったでしょうか。これが祖国を九州に持つ者のせめてもの悲願ではなかったかと私には思えるのです。

娘を聖武天皇の妃となし、外祖父となって高位に昇りはしましたが、彼が祖国の滅亡に無関心であったとは考えられません。これには父鎌足の意志もあったかもしれません。

彼の祖国がそして藤原氏が、九州倭国出身であることは別稿[四]にも認めましたが、藤原鎌足伝（曽孫仲麻呂著『大織冠伝』）に拠れば「大倭の国、高市郡藤原の第に生まる」と記されています。大倭とは九州倭国のことでありこれまでいわれてきたように常陸や大和ではあり得ないのです。曽孫の仲麻呂が、先祖の故郷を忘れて記すはずもないものです。

とまれ、この二つの大建築物ができあがり、総ての多くの御霊をこの地へ賑々しく迎え勧請したとき、不比等は漸く大きな安堵と満足を得たのではなかったでしょうか。この奈良という大地に祖国「遠の御門」をそっくり移すことができたという九州人としての、異郷に対する征服感にも似た優越を「万霊」と共に味わったのではなかろうかと思いを至すのです。千年の長きに渡り万灯を華やかに輝かせて奈良挙げての祭りの賑わいを聞くとき、私は多くの御霊の「喜びの賑わい」と受け取りたいのです。

しかしこれは「憚り」あって公にはできぬ話でありました。如何なる貴族も知識人も緘口せねばならぬ当時の常識であったのです。聖武天皇を娘婿と戴いた誉れ絶頂の時も、不比等はこの祖国の「万霊」を語ることはなかったのです。その祭司に携わった神官や僧侶にも固く口止めしたことは勿論のことであったはずです。

これについて思うのは現代の政府がやっさもっさ、国歌「君が代」の去就を議していることです。君が代は滅亡国家の讃歌であると、もう十年も前に古田武彦氏が発表されているのです。出所不明どころか誰もがその出所を知りながら、『古今和歌集』が勅撰集であったために憚って読み人知らずと記すこととなり今日に至ったものです。「憚る」と「読み人知らず」は概ね同義語と解釈すべきものでしょう。平家の時代になっても忠度の名歌も勅撰集に載せるためには「読み人知らず」が使われています。朝敵故に憚ったのです。

当時の建築物には薬師寺や法隆寺もありますが、これ等はそれぞれ建築物の目的が世に喧伝されているのです。例えば薬師寺は天武天皇やその子息の病気平癒のためにとか、また法隆寺は聖徳太子の霊を慰めるためにとか。しかし興福寺に至っては何のためにという目的は寡聞にして私は聞いたことがないのです。権力の誇示ともいわれてきましたが私は「否」と言いたい。この寺が建立の目的を喧伝されなかったところに、不比等の固く結ばれた口の意志を強く感じるのです。不比等はその名の通りその明晰においては、比べる人のない人物であったといいます。大伽藍を建てるだけで嬉しがるような俗物とは考えられないのです。

　興福寺の宝物殿には今もなお、出所不明の仏像や種々の宝物が数多く納められて、しかも「まるで罹災者の群れを見る如く」と表現されたように[五]、なんの脈絡もない仏像がただ置かれているのみと聞きます。このように興福寺はただ、出所不明の宝物のみ持つというだけの寺でありましょうか。法相宗唯識に縁ある如来を金堂に据えたというだけの寺でありましょうか。否、否、否。私は思うのです。その宝物や仏像の出所をよくよく知るところの霊が数多く金堂には祀られているはずと。そして今なお、滅亡した倭国王朝は興福寺の手により長く供養されていると思いたいのです。万灯に輝く春日神社と共に。それは不比等の残した意志であり、藤原氏としての故国、滅亡した九州王朝に対するせめてもの贖罪ではなかったかと私には思えるのです。
右の如き理解の上にのみ、あのデンと一等地に構える私物としては偉大過ぎる建築物に納得が行くのではないのでしょうか。

平成十一年五月二十日

注一　『大和古寺巡礼』現代教養文庫３９０　青山茂他著　社会思想社　昭和三十七年
二　『古代は輝いていたⅢ　法隆寺の中の九州王朝』古田武彦著　朝日新聞社　昭和六十年
三　『国宝』毎日新聞社刊
四　本書「鏡王女と藤原鎌足」
五　『大和古寺巡礼』３９頁

通説を疑う——これらは九州王朝の事績ではないのか？

近江は淡海（博多湾）のこと

「淡海」とは今でも滋賀県近江と理解されています。近江と書いてどうして「オオミ」と読めるのでしょうか。「キンコウ」か「チカエ」としか私には読めないのですが、頭の悪いせいでしょうか。

もう一つ。淡路島とは瀬戸内海の大阪と四国間にある島と言われています。近江も淡路も、もう昔々からそういわれて定着しているものを今更「おかしい」と言っても通らぬ千年の手遅れであることは承知はしていますが、やっぱりこれはおかしいのです。

『万葉集』をよく見る限り淡海とは決して琵琶湖のことではないし、淡路島も瀬戸内海ではないのです。私はこれを何としても明らかにして置きたいという思いに駆られて、書くことに致しました。

「淡海」この文字が『万葉集』にあればこれは難波の海（博多）から志賀島に至る湾内の海と思わねばならぬということです。この淡海のことを「淡路」ともいい、淡路とは淡海を舟が行き来する道ということです。

昔この湾内は干潟になることが多く、淡路潟ともいいました。淡路、淡路潟、淡海は皆同じ海のことで、一様に博多湾とみないと万葉集の理解はできないのではないでしょうか。

つまり、淡路島とは淡海にある島ということで、博多湾内にあるお能古呂島であり、能古島であり、能島＝野島であると『万葉集』はいろいろ言葉を変えて同じ場所を表現しているのです。この海を歌う代表歌、山部赤人九三三を左に掲げます。

天地の　遠きがごと　日月の　長きがごと　おし照る　難波の宮に　わご大君　国し
らすらし　御食《みけ》つ国　日《ひ》の御調《みつき》と　淡路の　野島《のじま》の海人《あま》の　海《わた》の底　沖つ海石《いくり》に　あ
はび珠《たま》　多《さは》に潜《かづ》き出《で》　舟並《な》めて　仕へまつるし　貴し見れば

右の歌の意は、難波の都（博多）からすぐ前方に見えるこの能古島は大昔から神話の島であり、ここの海士達は海に潜って、真珠や魚貝類を取って難波の都の天皇に特別の御用達を許されて、毎日舟を連ねて珠や食料を運び、朝廷に仕えることに大変誇りを持っているという歌です。

その上、『古事記』は博多湾のことを「近つ淡海」ともいっているのです。では余談ながら「遠つ淡海」とはいずれかと問えば、ありました。『古事記』に対馬の県の直「遠つ江」の国造の祖なりとありました。これは思うに対馬の天神発祥の地、浅茅湾のことをいうのではないかと思い至りました。この時代は浅茅湾のことを、「遠つ淡海」といったのではないかと思います。

淡路島の多賀に、伊弉諾命が祀られていると聞きます。これまで、関西の淡路島と混同してきたようですが、やはり伊弉諾命は発祥の地、博多湾内能古島が本拠であり、『古事記』真福寺本には「淡海の多賀」となっている由。

今、滋賀県にある有名な「お多賀さん」は、大和政権の手によって移動させられたものでありましょう。お伊勢さんも然りです。このほか『万葉集』は博多湾の歌を数多く歌います。

例えば、

淡路の野島が崎の浜風に……　（二五一）
淡海《あふみ》の海《み》夕波千鳥汝《な》が鳴けば……　（二六六）
淡海《あふみ》の海《み》波かしこみと風守り……　（一三九〇）

等があり、五〇九にこれは長歌ですが、淡路と粟島が同じ海中にあることを歌っています。

……青旗《あをはた》の　葛城《かつらぎ》山に　たなびける　白雲隠《かく》る　天《あま》ざかる　夷《ひな》の国辺に　直向《ただむか》ふ　淡《あは》路《ぢ》を過ぎ　粟《あは》島を　背向《そがひ》に見つつ　朝なぎに　火手《かこ》の声よび……

この歌の「粟島を背向に見つつ」ということから、粟島の在所位置がこのほど解りました。それは、筑紫の小島とも、淡海の小島ともいわれ、数多く歌われているものです。粟島とは、博多湾内、箱崎の側の海中にある小島です。

粟島を歌うものには、五〇九、一二〇七、一四〇一、一四五四、一七一一等があります。なお一二〇七に、

粟島にこぎ渡らむと思へども明石《あかし》の門《と》波いまだ騒《さわ》けり

がありますが、明石の門とは外海から博多湾へ入る、入口を指すものと思います。また五〇九の長歌は淡路が博多湾の海であることを「粟島」の存在することではっきりと証明しています。また、今一つ『古事記』によれば仁徳天皇の条「吉備の黒姫」の所の文ですが、

ここに天皇、その黒日売を恋ひたまひて、太后を欺かして、のりたまはく、「淡道島《あはぢしま》見たまはむとす」とのりたまひて、幸でます時《い》に、淡道島にいまして、遙《はろばろ》に望《みさ》けまして、歌よみしたまひしく、

おしてるや　難波の崎よ
出で立ちて　我国見れば、
粟島　淤能碁呂島《おのごろしま》
檳榔《あぢまさ》の　島も見ゆ。
佐気都《さけつ》島見ゆ。

すなはちその島より伝ひて　吉備《きび》の国に幸でましき。……

とあります。この歌により、

一　この海、難波の崎に粟島、淤能碁呂島があること
一　淡路島は博多湾内の島であること
一　難波は博多のことで、仁徳天皇の都であること

が解るのです。粟島は筑紫、箱崎の側の小島であることは、前にも申しました。故にこの

天皇の歌が博多湾で歌われていることは明らかだと思います。

この他、『古事記』は黒姫の里、吉備のことも、天皇との別れの歌に「西風《にし》吹き上げて、雲離《ばな》れ……」と歌っているのを見れば、吉備は博多よりは西にある地と思われ、黒姫も太后に追われて島伝いに帰ったとあるのを見ると、これは倭国内の土地ではないでしょうか。吉備が遠い岡山とは考えられないのです。

淡路、淡海、淡路島、いずれも博多湾内の海、または島であることを論じました。

平成十二年四月二十五日

紀の国は佐賀県のこと

紀の国とは、私達の認識では和歌山県のことになっています。しかし、『万葉集』等の古典を見る限りどうもおかしい。合わないのです。何故なら現代と違い交通の便も悪く、国王も違う他国へそう簡単に行き来のできるはずがないのです。それにも拘らず『万葉集』では、筑紫から紀国へ絶えず行き来している様が伺えます。

「紀の国とは、筑紫国と同一天皇を戴いている国ではないか」。一つの国の範疇になければおかしいと思うようになったのです。しかもそれは地続きではなかろうかと。では何処かと言えば、それは佐賀県を指摘せざるを得ません。

紀とは、掾、雉怡、基肄、紀伊等と書かれています。佐賀県を仮定して見たとき、今の地図によっても、三養基《みやき》郡、基山町、彼杵、杵島、高来、雉怡の郷、紀郡と佐賀県は何と「き」の字の多い土地柄でありましょうか。

古代の紀とは佐賀県のことではないかと思い至ったのです。その目で見るとやはりそれを明らかにできる歌が見つかりましたのでお目にかけたいと思います。「神亀元年（西暦七二三年）十月五日、紀伊国に幸しし時、山部宿禰赤人の作れる歌」とあり、

やすみしし　わご大君の　常宮《とこみや》と　仕《つか》へまつれる　雑賀野《さひがの》ゆ　背向《そがひ》に見ゆる　沖つ島
清きなぎさに　風吹けば　白波騒ぎ　潮干《ふ》れば、玉藻刈りつつ　神代より　しかぞ尊き　玉津島山（『万葉集』九一七）

右の歌は珍しく判然と、地名の解る万葉歌です。
一　雑賀野は、天皇の宮殿があった所である
一　それは海岸であって、背後に沖の島がみえたと言う
一　それは玉津島山のある地である
玉津島とは唐津湾松浦、玉津島明神の祀られる地であるということです。

以上のことだけでも雑賀野は佐賀県北海岸であることが解るのです。そして次の歌でそれが決定的になります。

紀の国の雑賀《さひか》の浦に出で見れば海人《あま》の燈火《ともしび》波の間《ま》ゆ見ゆ（『万葉集』一一九四）

とあります。これはもう判然としています。かつて天皇の宮殿のあった雑賀野という地が、紀の国にあったということです。山部赤人は紀の国へ天皇のお供をして雑賀野の宮殿へ行ったと歌っている。赤人は倭国に仕えた歌人と見ていますので、七二三年では辻妻の合わぬ感があり、添え書きをわざと変えたものかと思っています。

とまれ雑賀野の宮殿は背向に沖の島が見えたといいます。これは九州北海岸ならではのことです。和歌山の背後に沖の島とは、どんなにしても無理です。これによって紀の国＝和歌山はありえないということになります。

この他にもまだありました。『万葉集』一七九六〜一七九九まで「紀伊国にて作れる歌四首」とあります。中でも、

古《いにしへ》に妹とわが見しぬばたまの黒牛潟《がた》を見ればさぶしも（一七九八）

と歌いますが、黒牛潟は佐賀県有明海に出る河口。今、牛津川と言われるものがそれであろうと思うのです。また、

玉津島磯の浦廻《みなご》の真砂にもにほひて行かな妹がふれけむ（一七九九）

があり、これも玉津島が歌われることで、佐賀県北海岸のことであろうと推測できうるものです。今までこの道の権威の方々が、何故これを和歌山だと肯定してこられたのか、私には不思議です。紀皇女、紀郎女、紀貫之、紀有常など時代は下りますが、紀姓はいずれも佐賀県出身ではなかろうかと思っています。

平成十二年四月二十九日

卑弥呼は紀氏の姫であった

多元的古代研究会機関誌『多元第４９号』に内倉武久氏の寄稿拝見させて頂きました。そうして驚きと嬉しさをご報告致します。氏は志摩町一の町遺跡のことに言及されて、春秋時代の呉国がほろびて夫差の親族が斯馬に移住してきたと言われています。姓は紀氏と言い卑弥呼も紀氏の出といい系図もあるとのことです。驚きました。紀氏が居住していたとあれば紀の国と言う地名があっても不思議はないのです。後年この地続き佐賀県北岸辺を紀の国と言ったものではないかと思われます。『万葉集』にも盛んに出てくる地名でありながら在所がはっきりせず、しばしば和歌山県までへも突っ走ることを歴史解釈として余儀なくされた地名でした。

以前、私は伊弉諾、伊弉冉の創った大八島は極めて小さく北九州の海岸部、

一　紀の国

二　伊勢島（怡土島）

三　日向《ひなた》

四　お能古呂島

この四つの陸地とそれに附随する海四つこれを大八洲といい、扶桑の国というと書きました。それはささやかな武器桑の弓と蓬の矢でこれらの国を平定したといい、二人は能古島の浮橋に立って征服の喜びに胸を張ったといいます。これは謡曲が繰り返し古代の謡の中において教えてくれたものです。しかし、くぐつの謡曲かと大方には余り信じては頂けなかったのではないかと思っています。

謡曲の原作者は西暦七五〇年前後位の間、倭国に生きた方であろうと思われ、その間国書の類が悉く大和へ没収されて、倭国には長い王朝の歴史書も残らぬ惨状となり、それを悲しみ憂えた教養ある人物がせめて歌の中に真実の歴史を残したいという切なる思いから、簡単には解からぬように巧みに歌の中に封じ込めた特殊な歴史書ではないかと私は思うようになったのです。しかも古い資料の幾分なりとも残ったであろう宮中の書庫へ遠慮なく出入りできた人物、それは天皇家一族の貴族の一人かと思われ、作者は決して卑しい人物ではないはずです。後の世にできた謡曲とはその品位も、言語の深みも差があるように感じるのです。古代の物は数少なく全体の五％にも足りぬほどです。これ等は筑紫舞の暗く長い地下の世を経た道と同じく、謡曲もくぐつの手を経て、地下へ潜り室町の時代まで辛うじて生き延びたものと考えます。

片や大和では国書『日本書紀』を作り、伊弉諾、伊弉冉が広大な大八洲を創ったとて、ありもしない大風呂敷を広げて、二人の立脚した肝心の聖地までも大和に近い淡路島へ移して、総てが大和における歴史であったかのように書き替え、九州北岸の祖源の歴史をないものとしたために、いかばかり今日の混乱を招いたことでありましょうか。

「紀の国は大八洲の一つである」と謡曲は早くから教えてくれていたのです。謡曲は何の嘘偽りもない歴史を静かに、しかし頑固に語っていたということです。

それについて思うのは、紀氏は志摩に移住してきた由。その後に伊弉諾の大八洲平定の戦いがあって、紀氏は地続きの佐賀県北海岸唐津までの土地を与えられて「紀の国」と称したのではないかと私は想像するのです。しかしこの紀の国は国書成立後亡きものとされて、歴史上にも在所不明のまま未だに宙に浮いて、『万葉集』さえも理解不可能の歌としているのです。

ついでながら書き添えたいことは伊弉諾が大八洲を平定した後、長女の天照に「汝は日向の国を治めるべし」と怡土志摩を与えているのです。紀氏のいた地です。やはり紀氏は隣の地を与えられて去ったものでありましょう。この様な歴史は謡曲だけが語るものです。

今日、紀氏在住の事実が証明されて佐賀の北岸に紀国のあったこと、謡曲の立派な裏付けとなったことに喜びと感謝を捧げるものであります。

皆様にお尋ねしたいことはこの紀国に「備」または「尾」の付いた地名は無いのでしょうか。「紀備」と言う地名です。佐賀県北海岸辺りに紀備があったのではないかと長年思っていました。紀備から新羅の国へ国命で出立した将官の話も史書にありましたし、岡山の吉備では矛盾します。しかし、岡山の吉備を国書に合わせるために「紀国の紀備」は抹殺されたものであると考えます。

例えば、仁徳天皇と黒姫の話。博多の仁徳と岡山の黒姫では古代にしては遠すぎる上に他所の国の姫では問題がありすぎます。もしこれが本当の話なら国と国の戦いの起こること必定です。仁徳天皇は誠にのんびりと危機感の気配もないのです。これはやはり佐賀県紀国の紀備の話でありましょう。神武の東征も最後の準備地を私は以前、唐津湾の小島、「きびの高島」と申しました。これもそう荒唐無稽でもなくなったということになります。これは今後の方々に考えて頂きたい問題です。

平成十四年五月五日

中皇命の長期旅行——紀の温泉

——古田武彦著『古代史の十字路——万葉批判』を拝見して

この度待望のご本『古代史の十字路——万葉批判[三]』お出し頂きおめでとうございました。嬉しく拝見させて頂きました。先生をおいて他にどなたにこのような視点から『万葉集』を解くことができましょうか。我国初めての画期的なご論究でございます。よく『万葉集』までにも手を付けて頂いたことと、感謝の思い一杯でございます。『万葉集』はいかばかり高名な方々の研究でありましても古田学説を導入しない限りは一切解けない書物でありますこと、この度のご本によってもはっきり証明されています。謡曲さえも古田学説なくしては、どうして私などに視点を変えて謡曲の心の底などを理解することができたことでしょうか。ひとえに古田先生の古代史に接するご縁を得たおかげでございました。今はただ深く先生に感謝申すばかりでございます。

『万葉集』をここまで掘り下げた方はかつてなく、勿論私などには思いも及ばぬ理解の域ではございましたが、大変興味深く拝見する中でただ一カ所、中皇命の長期旅行について疑問を感じた箇所がありまして、本当に恐縮と存じましたが厚かましく筆を取りました。

それは中皇命の長期旅行の「紀の温泉に行きし時の御歌」についてです。これほど理路整然と九州の天皇であることを解かれておられながら、九州王朝を解かれた方は先生以外には誰もありませんのに、何故その王様の旅行には関西へばかり目を向けておられるのか。三重県の英虞《あご》湾へまでも、天子夫妻と共に突っ走られたのかということが私には不思議なのでございます。

紀の温泉とは、これまでの日本の長い歴史常識の上では和歌山県のことかも知れません。しかし九州王朝をこれほど深く広くご研究の第一人者たる先生が一体ここでどうされたのかと、私にはそこが理解致しかねております。『万葉集』に出てくる「阿胡」とは三重県の海でしょうか。小島とは岡山の児島でしょうか。また野島とは大阪の鼻先にある淡路島を指すのでしょうか。一つ一つ私なりに失礼を顧みず申し上げて見ますことをお許し頂きたいと思います。

中皇命の旅行先は「紀の温泉」と言います、紀とは紛れもなく佐賀県のことであると私は考えます。古代において紀の国とは伊奘諾・伊奘冉の最初に創ったという大八洲の陸地の一つであります。一番に中心の「お能古呂島」を初め、「紀の国」「伊勢志摩」「日向」と四つの陸地とそれに付随する海四つ、これを大八洲と言うと。また、これを扶桑の国と言うと、謡曲は繰り返し教えています（『淡路』『弓八幡』）。つまり博多湾の能古島を中心とした北九州海岸の地、それも小範囲の極く極く小さい小さい大八島のことは謡曲以外の書物では見ない記事です。しかし伊奘諾を普通の人間として見たとき、謡曲の記述が国書よりも『古事記』よりも、一番リアルで納得のゆくものではないでしょうか。桑の弓と蓬の矢でこれだけの範囲、国を平定したのであると、能古島の渚に立って二人は胸を張っているのです。これは九州王朝に伝えられた歴史であり、邇邇岐《ににぎ》家が喧伝する『書紀』の書いた歴史とは大いに違うことを勘案してみる時代が来ていると私は思うのです。九州王朝の歴史は古い大昔の謡曲にのみ真実が微かに残るものと見ております。謡曲の歴史記述は、九州筑紫の、今は世にない歴史書を知る人の書いたものと思えるのです。伊勢志摩とは、伊勢は神風の伊勢（古田先生のご指摘）、志摩は怡土島の志摩です。伊勢は怡土にあったといいます。『万葉集』を理解するときの地名はやはり極く小さな大八州を見るのが妥当ではないかとおもうのです。

この紀の湯の旅を先生のお辿りになられた地名を頼りに私も辿らせて頂きたいと思います。結論を端的に申せば、中皇命とその皇后の目的の温泉は佐賀県「熊野の古湯」ではなかったでしょうか。他にも武雄や嬉野にも良いお湯がある由ですが、博多の海から船が北海岸を西へ向かって行くことを思うと、これらは紀路に入ってからが遠すぎると思うのです。

この皇后は多分難波の地以外から嫁いで来た方であり、博多の海はご存じなかった。そのため、中皇命は皇后に博多湾にある有名な「筑紫の小島」や海の真ん中にある「野島」の八十もある有名な泊まりの風景を見せてやりたいと思われた。これは現代人の感覚では余りに近すぎたためか先生は博多の海等、歯牙にもお掛けにならぬまま関西大阪湾の鼻先の淡路島までつっ走って行かれました。現代の旅行とは船の設備も服装もお話しにならぬ程の違いがありましょう。旅は矮小化はなされるとはいえ、普段は後宮七百人にかしずかれた皇后とその女官群や、天皇の供奉たる文武百官、お供の移動を考えるだけで、とても自国以外の国々を長期の舟旅は寝、食、装いあらゆる点で無理と思います。

この時代支那では宮廷女性は多分纏足の時代であり、日本でも皇后ともなれば出歩くことなど殆どなかったのではないでしょうか。

今は農繁期でありますからと必死でこの旅行を側近が押し留めたのも、この大移動を見越してのことでありましょう。よその国への訪問等はもってのほかです。もし瀬戸内海を通過するとなれば、水の補給その他の世話を他国に頼らねばならず黙って他国を通過することはできません。その出迎えやら答礼やら、九州筑紫の天皇ともなれば、二人は旅の寝乱れ髪でという訳にはいきません。楽しい旅行どころではないのです。これは苦行難行です。先生はスラックスにマフラアを風になびかせた軽やかな皇后、天皇の二人きりの汽船のデッキで手を振られる旅姿でも想像なさったのでしょうか。

時代はずっと下りますが紀貫之の『土佐日記』に、足摺岬から舟旅で京都へ帰るのに二カ月と十二日もかかっていて、その憤懣、苦痛やるかたない思いを歌に綴っています。これは寒い時期でありそのうえ外海の舟旅であったせいもありますが、それにしても長い旅です。もし瀬戸内海を和歌山そして伊勢までも行ったとしたら、どのくらい日数を要することかと思うのです。とても無理な話でありましょう。それに、この当時は三重県に伊勢はありましたでしょうか。

難波から出発されたとして、筑紫の小島は今では地震で沈没でもしたためでしょうか、地図には残念ながら見えませんが、徳川時代の地図には箱崎の側の海にちゃんとあります。[四]ここは余程有名であったらしく、『万葉集』には幾つも歌われています。この島は余程小さく粟粒のように見えたかして、粟島とも言われたらしく『万葉集』五〇九、一七一一等があります。外海から入港してきたとき一番に見えるのがこの小島であったといい、これを目じるしにして舟人が喜んださまが伺えるのです。

次に野島です。博多湾の中央にある島のことです。お能古呂島、能古島、淡路島、淡島、野島ともいうと謡曲はいいます。言い方が幾つもあるのです。ついでながら博多湾内の舟の通る道を「淡路」というと。またこの海を「淡海」というと謡曲は教えます。あまりにも言い方の多いのに驚きます。そしてこの海を「近つ淡海」とも言ったと『古事記』は記すのです。これは古代の言い方、西暦七〇〇年より前の言葉でありましょう。

野島は伊弉諾・伊弉冉が国造りの根拠地となした地であり、日本発祥の土台となった島であると。周囲は十里、港は八十泊あり見所も多いと記すのです（謡曲『淡路』）。大阪の側の淡路島は、西暦五〇七年、大和という大国を征服した後の邇邇岐家王朝の吹聴作品としてできあがった複製品ではないでしょうか。ついでに、『敏馬《みぬめ》の歌』これはやはり今の三潴《みづま》と違いましょうか。三潴から来た船が博多へ入ろうとする様を歌ったものと私には思えるのですが。

次に明石の門とは、この能古島と志賀島との間を舟が出入りする丁度、門戸に当る海をいうのではないかと。


粟島にこぎ渡らむと思へども明石《あかし》の門波《と》いまだ騒《さわ》けり（『万葉集』一二〇七）

これは潮の干満の激しい博多の海へ舟が外海から入ろうとする時、明石の門辺りで潮が叶うのを待たねばならなかった舟を歌ったものではないでしょうか。先にも申しましたように粟島は筑紫の小島でありましょう。

中皇命と皇后を乗せた船は、博多の海や小島、能古島を堪能されて、明石の門から外海にでて西向きに生の松原を称えて、船は糸島水道に入ったはずです。この水道の南側の海岸には、神風の伊勢の神が居られます。[五] 多分下船して参拝されたことでしょう。今はありませんが、この港を「阿胡」「阿胡根」といったのではなかったでしょうか。ここは海が深かったと『万葉集』は言います。それ故白珠の産地でもあったとみえます。白珠は志賀島の海や能古島でも沢山取れた様で、『万葉集』七三三は、山部赤人をして博多の海を珠や宮殿の食料を賄う海であり、それを舟で運ぶ海士は名誉ある仕事と称えています。白珠は遠い三重県英虞湾の物まで望まなくとも、筑紫の海で十分足りていたはずです。

宗像神社のある宗像を歌う『万葉集』九六三の注書きに「筑前国宗像郡、名児山を超えて」というのがあり、それ故、名児の海とは宗像の海といって間違いないと思うのです。この「名児の海」に対して、神風の伊勢の海は「阿胡の海」といったものではないでしょうか。娘の名児（宗像三女神）、母の阿胡（天照大神）。それも母の大本「阿胡根」これは母娘一対の筑紫における古代以来の高名神社として親しまれ尊ばれてきたものと思うのです。女のことを「おなご」と今も明治生まれの古い人は言います。「ナゴ」です。母のことをかあさんではなくて「アアサン」と代々大の大人が言って、父親のことを「おでいさん」と言わせてきた古い家が身近にありましたが、これは古語の名残りではないかと今にして思うことです。阿胡から来た「ああさん」、祖禰からきた「おでいさん」でしょうか。糸島水道は今は陸地になって残念ながら天照を祀る古地も阿胡根もありません。
『万葉集』四四に面白い注記がありますので抜粋して見ます。

……農作の前、車駕いまだ動きたまふべからずと申しき。辛未、天皇、諫に従ひまさずして遂に伊勢に幸しき。五月乙丑朔庚午、阿胡の行宮《かりみや》に御《おはしま》しきといへり。

これを見ても伊勢に阿胡の地名のあったことが解かります。伊勢とは勿論、筑紫神風の伊勢と認識してのことです。『風土記・逸文備中国』というのがあります。その文は、

伊勢御神《いせのみかみ》の社《やしろ》の東《ひむがし》に河あり。宮瀬川《みやのせがは》と名づく。河の西は、吉備建日子命《きびのたけひこのみこと》の宮《みや》なりき。

とあるのです。しかし岡山に伊勢があるとは聞いたこともなく、風土記の編者も「存を疑う」といっています。岡山には伊勢は無いのでしょう。これは筑前怡土にある伊勢の話が何故か備中に入ったものと思われるのです。
その吉備建日子命は、孝霊天皇三世の孫と言っているところを見ると、これはやはり筑紫の話に間違いないと思われ、この伊勢の辺りに吉備という家があったと仮定すると仁徳天皇

の時の吉備の黒姫の物語も理解できるようで、これが岡山の家となると、博多からは遠過ぎて話が合わないのです。これも吉備という文字の根拠が筑紫にあったのではないかという一つの表れと思うのです。

お二方の旅行が未だ残っていました。この後は多分糸島水道を通り抜けて幣《にぎ》の松原、唐津湾へ。有名な玉島河、玉津島神社。中皇命ご夫妻は多分この辺りも見物されて紀の路へ入られたことでしょう。ここなら自国の温泉ですから長逗留も気兼ねのない思い出深い楽しい旅であられたことと思われます。

以上、私には中皇命の旅行が関西へ向いて行なわれたものとはどうしても思えませず、失礼の段深くお詫び申し上げます。

平成十三年四月二十九日

『古今和歌集』は九州王朝の歌集か？
――『古今倭歌集』序に謡曲の文言踊る

『古今倭歌集』。紀貫之の仮名序、淑望の真名序（漢文）を今改めて見ると驚く文字が随所に踊ることに気が付くのです。自分が長く接して来た謡曲の中の散文が、あれこれ纏めるようにして飛び出してきたのには本当に驚きでした。これはどういうことでしょうか。『古今集』は延喜五年（西暦九〇五年）、醍醐天皇の時、撰進の命により、紀友則、紀貫之、凡河内躬恒、壬生忠岑の四人がそれを受けたといいます。友則は撰進中に死した由。そのため紀貫之が代表となってこれを撰進したものといわれています。これは今までずっと大和朝廷において詠まれた歌であり、作られたものであると認識してきた本であり、しかも醍醐天皇勅撰集です。

そして今一つ序文はいいます。「この歌のようなものは天地開け始まりける時より出てきたるものであるが歌として体をなしたのは難波津（博多）の帝（仁徳帝）の時代が始まり」と。「難波津に咲くや木の花冬籠り今を春べと咲くや木の花」と仮名序の最初に出てくるこの歌は古歌でもあり謡曲『蘆刈』にも出てくる歌です。仮名序がいうには『万葉集』にも入れることのできなかった古い歌が多くあって「自らのをも奉らしめ給ひてなむ」と天皇の仰せになった言葉を記すのです。これは不思議な一言です。この天皇はどなたでしょうか。『古今集』に醍醐天皇の歌は一首だにありません。おかしいのです。自分の歌も授けると天皇がいっているのにです。この仮名序は二重構造ではないのでしょうか。自分の歌も与えるといった天皇と醍醐天皇は別人であり、それを承った人も貫之ではない。端的に申せば『古今倭歌集』という本は『万葉集』と同じく倭の国で作られて大和の朝へ送られて来たもの。それを貫之達に撰進させたというものではないのでしょうか。ですから和歌ではなくて貫之の書いた実物の手には「倭歌」とはっきり書かれてるのが読めるのです。

『倭歌集』を作った国は九州王朝。なればこそ思いもかけぬ謡曲の字句が「筑紫宮廷人作詞作曲」の文言が序文中に踊っていたのです。私はそのように解します。その例を挙げて見ますと、

男山の昔を思ひいでて女郎花のひと時をくねるにも……（女郎花）
秋の夕べ竜田河に流るる紅葉をば帝の御目には錦と見たまひ……（逆矛・龍田）
松虫の音に友を偲ぶ（松虫）

高砂住之江の松も相生のやうに覚え（高砂）

青柳の糸絶へず松の葉のちり失せずしてまさきのかづら長く……（高砂）

仮名序文中の例を挙げて見ました。そして貫之達のその命を受けた「撰進」ということの内容といえば、思うに、「白村江の敗戦」「九州王朝の滅亡」「政権の交代」、これ等の判明する歌を全部取り除く作業ではなかったでしょうか。それはかつて、筑紫びと大伴家持が『万葉集』の編纂をなし遂げて、そののち命により七千首を四千五百首に削らされた如くにです[六]。『古今集』もそれと同じではないか。『万葉集』と同じく理解不可能なる「残り物」であると。そうしてその残り物なればこそ意味不明なのです。ただ世を儚み悲しみにくれる歌ばかり集めたかと、不思議に思う程の歌集になったのではないのでしょうか。

普通の健康な人間の目から見ると、この歌集は病的なと思える程のひどい嘆きの声の大合唱です。これは普通の状態ではないと、これまでの方々は何故思われなかったのでしょうか。大の成人が、身も世もなく嘆くことなど、日本人は気恥ずかしくてしないのが普通です。まして歌になどもっての外です。昔の人ならなおさらでしょう。余程の状態の中に生きた人々と見るべきではないでしょうか。撰進する前の歌集を見せて貰えば誰にでもその嘆きの意味も解ったことでありましょう。それを推察することなくてはとうてい理解不可能なる歌集です。『万葉集』はまだ古い時代の歌も多いので悲しみばかりということはありませんが、この『古今集』は丁度その後の激動期のものであり、これだけの多くの嘆き悲しむ声があったのかと古田史学（九州王朝）あって初めて理解可能なる歌集ではないかと思うことです。総てを消された王朝のこの「悲しみと諦観」の大合唱がせめて後世に残り、瓦解した国家跡を知らすべく文字として僅かに残った貴重なる歴史書ではないのでしょうか。

『万葉集』と併せて二巻、当時を語る人々の声と受けとめるべき名残りの書物と思います。『万葉集』は既に古田武彦氏が『古代史の十字路――万葉批判』として発表されました。『古今倭歌集』も共に古代史の十字路に置くべき書物ではないかと思うのです。

わが君は千代にやちよにさざれ石の巌となりて苔のむすまで（『古今集』三四三）

読み人知らずとしてあります。これは古田武彦氏の九州王朝の讃歌としてよく理解できるようになったものです。しかし、滅亡した国の讃歌を今もなお国歌として歌い続けることがそれほど大切でありましょうか。考えて頂きたいものです。

平成十四年三月二十三日

六歌仙・三十六歌仙の出自

この度、『古今集』を読み直して気が付きましたが、これまで漠然と六歌仙、三十六歌仙といわれる高名な歌人達が、何となく京都御所に絢爛と花開いた存在として認識されてきたのは本当の話だったのでしょうか。『古今集』を撰進した貫之以下四人は醍醐天皇に仕えて、確かに西暦九〇五年には京都御所にいたようです。彼らに撰進の命が下りたのは彼らが九州の出身であったからかと思われるのです。

先ず六歌仙から。在原業平、僧正遍昭、文屋康秀、宇治山喜仙、小野小町、大伴黒主以上です。在原業平は八二五年から八八〇年。僧正遍昭は八一六年から八九〇年、桓武天皇の孫（母違い）といいます。しかし他の四人は生没不詳です。業平は出生確実のように見えますがその実、朝臣の称号を持ち『朝臣集』という家集まであるといいます。朝臣とは九州王朝の臣位で真人に次ぐ高官です。また兄に当たる行平も天長三年在原朝臣の姓を賜るとあるのです。なぜ、倭国の官位を貰うのでしょうか。また、六歌仙の他の四人も関西生まれならば生没不詳とは不自然で余りにも失礼です。六歌仙ともいわれる人がです。これを思うと六歌仙とは殆どが九州人ではないかと私は思うのです。

次に三十六歌仙ですが、藤原公任（九六六〜一〇四一）という人が選んだといいます。平安時代中期の歌人であり三十六歌仙の一人でもあります。時代は『古今集』より六十年も後のことです。名を挙げてみますと、

柿本人麻呂、紀貫之、凡河内躬恒、伊勢、大伴家持、山部赤人、在原業平、僧正遍昭、素性法師、紀友則、猿丸大夫、小野小町、藤原兼輔、藤原朝忠、藤原敦忠、藤原高光、源公忠、壬生忠岑、斎宮女御、大中臣頼基、藤原敏行、源重之、源宗于、源信明、藤原仲文、大中臣能宣、壬生忠見、平兼盛、藤原清正、源順、藤原興風、清原元輔、坂上是則、藤原元真、小大君。

以上です。この藤原公任がどういう基準で選んだものか判明しませんが、この面々を一見致しますと『古今集』撰進の紀貫之達四人も含まれていて、紀貫之は八六八年から九四六年の人であり、その死後四十年もたってから選ばれているのです。時代もバラバラです。小野小町、在原業平、僧正遍昭の三人は六歌仙と重なっています。『古今集』の中にはこの三十六歌仙の人々の歌が多いように思えます。

しかし不思議なことに、この『古今集』がもし京都において始めから編纂されたものなれば、ほぼ同年代の人、例えば最澄（七六七〜八二二）、空海（七七四〜八三五）、菅原道真（八四五〜九〇三）、これら歌の名手の名が何故無いのでしょうか。天皇の名も、桓武天皇（七三七〜八〇六）から平成、嵯峨、仁明、文徳、清和、陽成、光孝、宇多、醍醐天皇（八八五〜九三〇）迄十代、一人としてこの歌集には名が無いのです。この他京都御所において最も優れた歌人といわれた道綱の母倫寧女（九三〇〜九九〇）や宮廷サロンの華、紫式部（九七八〜一〇一六）や清少納言（生没年未詳）等をもし藤原公任が選ぶなら時代的には不思議はなかったはずです。しかしこれ等の京都御所の人々の名は一人としてないのです。

これを見るとやはり三十六歌仙といわれた人々の国も京都ではなく、従って『古今倭歌集』を作った国も京都ではないといえるのではないでしょうか。

それから阿倍仲麻呂の歌が一首この歌集にあることは、やはり彼が倭国王朝に仕えていたことのひとつの証しでありましょう。

この『古今集』を最初、勘で九州のものと睨みましたが、でき得る限り一人一人の生没を調べてみてもやはり、この『古今倭歌集』は九州宮廷の歌集であると言えるのではないかと思い至ったところです。

お話として有名な在原業平の二條藤原家高子強奪事件は、皇室における当時の一大事件です。誇張したものとはいえ根も葉もないことではないと思うのですが、その後の高子の入内、大原への参詣、文武百官供奉の大行列、この婚礼の儀は都を挙げての大騒ぎです（謡曲『小塩』）。この話は紫式部の源氏物語にもあります。その後この事件の罰として、業平のあづま下り（謡曲『杜若』）、行平の須磨住い（謡曲『松風』）。また別に業平の姪、伊勢女の『伊勢物語』は業平死後、遺作をこの女性が整理して「かのまめ男」という捉え方で業平の歌を軽妙に解説、書き留めたものといわれています。彼女の『伊勢物語』あってのおかげで業平の歌が有名になったともいわれるのです。

彼女は少なくとも紫式部よりは百年は前の才女ということになると、紫式部より以前、恐らく最初の女性文学者ということになるのですが、そうは誰も言わぬところをみるとやはり伊勢女もまた、京都人ではなかったのではないでしょうか。

そもそも右の物語に、新婚の天皇夫妻が大原へ参詣されるということが解らないことで、京都の大原とは京のずっと南、筍の名所ですが、大昔は御所の公達が馬の調教に使った広い空き地と古典にあります。天皇がこのような竹藪地へ何を拝みに行かれるのやら理解に苦しむ記述です。この辺りから京都のことではなさそうと思うのです。今でこそ結構なベッドタウンですが神仏の有名な存在は若い頃から聞きません。

従って、すべて一連の大事件は京都の話ではなかった、という結論よりありません。『古今倭歌集』は、今は幻と消えた九州王朝の貴重な忘れ形見として見るべきものと思われるのです。

平成十四年三月二十三日

「あをによしならのみやこ」は筑後川讃歌

一　あをによし寧楽《なら》の京師《みやこ》は咲く花のにほふがごとく今さかりなり（『万葉集』三二八）

「あを」とは何でしょうか。「あをによし」は古語辞典にも奈良の都の枕言葉とあるのみで一向要領を得ません。もう長い間諦めていたものです。しかしまた解らぬ「あを」が続けて現れました。解らぬものの上積みです。

二　青旗《あをはた》の葛城山《かつらぎ》（『万葉集』五〇九）

三　青雲《あをくも》の白肩《しらかた》の津《つ》（『古事記』『書紀』神武の東征記）

この他「あをによし」と歌うものは『万葉集』八〇にもあり、これらをじっと見つめていると、なにか謂があり、つながりのある地名だということは感じていました。「あを」「青旗」「青雲」それぞれが何かを訴えます。

九州において都として『万葉集』に歌われるのは大まかにいって二カ所、博多と高良です。ならの字の付く都は高良玉垂宮を中心としたところでしょう。この都は北は筑後川まで、西は有明の海を擁し、筑後川を自然の要害となして栄えたと思われる都です。今の久留米です。南へ広く栄えていたものと想像いたします。この都が『万葉集』では「あをによし」といわれているのではないか……。駄目であろうとは思いながら「あを」を国語辞典で繰ってみたのです。ところがです。思いがけなくヒントを与えられました。

「あお」とは「襖《あお》」であると。「脇の明いた袍《ほお》であり、衛府の武官の服」などとありました。脇の明いた袍とは前後に布が垂れていて両脇が細く明いた羽織の様な物でしょうか。ピンときました。これは筑後川の表現ではないかと。筑後川は始め東から西へ、九州横断の形で流れて佐賀県境で突き当たり、川はそこから大きく南方へ蛇行して有明海へ出ます。この筑後川の大きな曲がり角に抱かれるように位置する都会が今の久留米市です。

古代人はこの向きを南へ変えて縦に流れる川を「襖」の姿に重ねたように思います。脇のあいた衣服です。川はその脇明きの役を担っています。

一つの袍に前後を包まれた「筑前」「筑後」の姿でしょうか……。これは東西に流れる筑後川をその脇の役としますか。それとも、隣の紀の国（佐賀県）と一つの袍を羽織った時の脇の隙間でしょうか……。これは下流の筑後川。何れにしても「襖」とは奇抜な発想です。この地を深く愛した人の命名です。ユウモアとその雅趣の深さに脱帽いたします。今、本町ナン丁目ばかりの並ぶ日本列島を後の人は何と言って誉めましょうか。この大河なくして「あをによし」という都は成り立ちません。

「襖」はまた「青」でもありました。青く美しい豊かな流れ。「あをによし」はこの都にぴったりの表現です。

このならの都から川上へ、そしてずっと北へ目線を追うと基山城へ着きます。このラインを「青」と言ったものではないでしょうか。青旗の葛城山。青雲の白肩の津等です。

襖（袍）の脇に開きの付いた都。つまり、横にぴったり大河を伴った都は、あをによしと称するに値するのは「筑後の寧楽」以外にはないはずだと思うのです。

一千年もの間、関西大和の国を何ゆえか奈良といい、奈良の都と称し「あをによし」と称えてきました。襖の脇（大河）もない大和の国をです。如何に権勢を誇った大和朝廷の力を以てしても筑後川だけは持ち運びを許さず、大河を関西へ引き寄せ我がものとすることは終に不可能でありました。筑後川が化けの皮を剥いでくれた、そう思っております。

青旗の葛城山（基山）といいます。ここには何時も青い旗が目印のように高くはためいていたのでしょうか。基山の南に「基里」と言う地名が残っています。これは都から北の方を眺めていた天皇が、あの辺りは何時も霧が掛かるから「霧の国と言うべし」と言ったという逸話があります（『風土記』）。これなど皆、青のラインに入る所です。

平成十三年三月八日

高松塚の被葬者

――梅原猛著『黄泉の王』を拝見して

　ふと本棚の前に立ち、昔読んだ古い本『黄泉の王』という梅原猛氏の著書[七]を手に取りました。もう三十年程も前、奈良の南の方で発見された高松塚の被葬者を語った本です。あの頃は余り興味もなかったことを覚えています。今再び拝見すると、梅原先生の凄まじいまでの渾身の力作、深い探索、あらゆる角度からの推論を重ねられ誠に敬服するばかりです。今度この本のお陰を頂いて高松塚の被葬者を指摘させて頂くことができましたことを感謝申し上げ、一文にして書き留めて置きたいと思います。

　残念ながら梅原先生の結論の被葬者が「弓削王子である」ということには賛成させて頂く訳には参りませんが……。未だ高松塚は誰の古墳と決定打を発表した専門の学者はないようですので、それでは塚の主に失礼でもあり、何時までも学会が大和王朝一元主義で凝り固まっておられる以上、絶対名前は出てこぬものと思い、「それでは」と筆を取った次第です。

　梅原先生はこの古墳の特徴をあらゆる角度から記されていますが、概略ご紹介します。

第一　天武天皇と同時代の墳でありながら関西には例を見ない装飾壁画古墳であること。

第二　その描かれた絵は朝賀の儀であり、四神と天皇制の思想によったもの。天皇の墓以外は考えられぬものでありながら、それは故意に傷つけられ、肝心の日や月、また玄武や亀の頭部が削り取られていること。

第三　この墳の遺体は未だ壮年の男子であり頭部が抜き取られて無いこと。それは頭を切り取られたものではなく、もがりの間中に抜き取って持ち去ったものという。これは当時の死人に対する「頭部なくば再生せず」という死に対する思想によるものらしい。

第四　遺体の側にあった宝剣は装飾の美しい鞘のみで、中身の刀身は抜き取られて無かった由。

第五　その内装は天皇の墓に匹敵するものでありながら、当時の薄葬令に準じた四位の位の人物のもので極く小型のもの。古墳としては最下位に属するものであったこと。

以上、ざっとかいつまんで申し上げました。そして推論重ねられた結果、被葬者は「弓削皇子」であると結論されました。しかし、右に列挙致しましたことは大和の皇子としてはいちいち合わないのです。

第一　父天皇天武の墓にもない装飾古墳を皇子に用いる必要はさらさらない。
第二　弓削皇子は皇太子でもなく天皇になる約束はないのですから、朝賀の儀の絵は不当。
第三　紀皇女との不倫関係を挙げられますが、それが事実としてもただ放蕩の罪だけで再び生まれて来るなと、頭部を抜き取る刑罰とは矛盾してはいないでしょうか。それは天武父王に対しても失礼です。これは考えられません。このことに就いて時代は少し下がりますが、朝廷内は「恋」というものに大らかであった気がするのです。『源氏物語』しかり。また、在原業平、行平等も天皇の皇子ですが、花から花へ移り舞う胡蝶にたとえられて、不倫は男の勲章の感さえあり、謡曲『井筒』『小塩』『松風』等の中にも見え、『伊勢物語』の伊勢女も、業平のことを「かのまめ男」と笑いの中に捉えています。時代は少し上がるとはいえ以上の考察により、弓削皇子の刑罰ということでは適当ではないと思うのです。

しかし、梅原先生の本には右に列挙されたこと以外に大変特異な話を載せておられるのです。それは、梅原氏が直接高松塚のある村まで足を運ばれ見聞された一節です。ここにご紹介させて頂きます。

この古墳は土地の人にとって特別なものであった。飛鳥村には無数の古墳がある中で何故かこの古墳だけ「神」として祀られ「古宮」と称せられ、ここ宇田、平田の地に住む村人の中で共通の「橘」の紋を家紋としている九軒の家の人によって、代々祀られてきたもの。

そして、この墓には由来話もあるらしいのですが、梅原氏には語って貰えなかった由です。現在でも毎年一月十六日に祀られているとのこと。

さて「橘の紋を家紋としている村人」というくだりを見たとき、ハッと思い出したことがあったのです。何時か読んだ国書、『続日本紀』の異色の記事をでした。誠に退屈な眠気を誘うばかりの国書の中で、それは少々面白い文でした。

従四位、葛城王いわく、自分の母親は「橘」と言う名の家の女です。私も母の家の苗字を名告りたいと思うので、葛城王の名を返上して橘姓になることを許可してほしい、と申し出たという。（現代語訳）

王という先祖代々の名誉の名を捨ててただの平民姓を取る。奇想天外な申し出だったでしょう。家柄が何より優先された時代にです。朝廷は驚きました。しかし喜んだのです。それ故国書は二ページにも渡って特筆したのです。九州王朝、葛城王家、誰れ知らぬ者もない。大和王朝より数段も格上の王家が消える、目の上の瘤的な存在がなくなる。この国書の逸話は、大和朝廷の嬉しさの現れではないでしょうか。この若い葛城王は、絶えず朝廷より白眼視される身分の高さよりも、気楽な平民を選んだのでしょう。その心底は解かる気が致します。世の中総て変わったという諦観。名誉より「生きること」の優先です。

端的に申し上げましょう。高松塚の被葬者はこの若い葛城王の父親（葛城王）であると思い至りました。この父王は九州の家に妻子を置いたまま、大和朝廷の捕われ人として大和へ連行された王の一人でした。その後便宜上、この地の村娘を娶り、その女性に生まれたのがこの若い葛城王（改め橘氏）であったということです。この若い葛城王が橘姓に変わった時代には、もはや父王は亡くなっていたはずです。

「九州王朝の王が捕虜となって連行された」等と申せば、大和朝廷一元史観の立場からは奇異な感をもたれましょうが、大和の朝廷が口を緘《かん》して一切国書に書かなかった九州との関係。しかし、何時までもこれを抜きにしていては国書は勿論のこと、『風土記』も『万葉集』も理解不可能のまま終わることになりましょう。そのことを少々書き留めたいと思うのです。

それは古田武彦氏の、これももう三十年以上も前に発表された「大和王朝以前に九州王朝あり」という学説。つまり、対外的な日本の王者は倭国と称する九州王朝であった、七百年を境にしてその代表権が大和天皇家に移行したという、この歴然たる概念をデンと導入しない限り、日本の古代史は永遠に解けないということです。それは単に移行したというのみではなく、これは移行に付随する一大事件、九州王朝が完全に消し去られたという一大騒動がそこには展開されたはず、ということです。大和王朝はこのことを完全に封殺することに成功したのです。国書には一切書きませんでした。

その大事件とは西暦六六三年、九州王朝は白村江の戦いを最後として、長い隣国との戦に終止符を打ち、代表国唐に敗戦したのです。従って、その時逆に唐に加担していた大和王朝は、唐の助けを得て自動的に戦わずして勝者となり、同じ一つの日本国の中で勝者と敗者に別れたということです。

それまでの大和王朝は単なる一つの王国に過ぎず、九州王朝に隷属していた小国という身分から、一躍七〇〇年以後は日本を代表する国になったということです。この時、大和朝廷は勝者の立場から、九州に対してこればかりは理解致し難い行動に出ました。それは、莫大な賠償を求めたことです。同じ日本人が戦わずして。何の権利があったのでしょうか。外国との長い戦いに疲れはてて敗戦した同胞に対して、深手負う者の足切るが如き仕打ちは、よほど積年の恨みでもない限りは人間のすることではありません。日本人のすることではありません。九州倭国は文化的にも総てにおいて大和国より優れていたのです。種々の技術者達が賠償金代わりとして連行されたことは、今も正倉院文書に残る由。今、奈良東大寺にある正倉院御物と称されるものは、元九州筑後川沿いにあった正倉院の御物をそっくり取り上げて持ち去つた物といいます。名前までもそのままとは……。これは賠償の一例です。

宝物のみならず、大和王朝は、王と名づく人々をはじめ人間までをも捕虜として大量に連行したのです。国書『続日本紀』を見れば解るように、いったい何処から出てきたか不明の「無位の王」という名も知らぬ人々が、続々と何の紹介もなく出てくる不思議。

継体天皇から僅か百七十年間にこれだけの親戚ができるはずもない大和王朝の不思議。「無位の王」とは位を剥奪された人ということではないか。大和にこの様な人の居るはずはないのです。それが、当時毎年の如く起こる天災……地震、洪水、干魃、疫病……と次々襲われた朝廷は、それが余程応えたとみえ、天罰か神の怒りと思ってか、天災がある度にこの無位の王達に四位、五位と官位を授けているのです。位を貰うということは、衣食をやっと保障されたということではないのでしょうか。天災の度に、捕虜の待遇を改善している様が伺えるのです。

人々を遠慮なく連行して一体何をさせていたかは一切不明ですが、今度は人間だけではなく、九州王朝の総てを剥奪したい欲望に駆られたのでありましょうか。山も、川も、名所も。神代から続いてきた長い長い歴史もです。

七一三年、「諸国の郡郷の名を改正する」という政令を出したのです。一見何気ない見過ごされるような令に見えます。今までかつてこの令が問題にされた書物を見たこともありません。しかし私の目から見るとこれはただごとではない。政権交代後大和政府は如何ばかり、テンヤワンヤであったことか。矢継ぎ早に発令される政令。評が郡に代わり、通貨が代わり、国民も右往左往の最中に何ゆえ郡、郷の名までも全国的にこの混乱の最中に変える必要があったのでしょうか。もしこの政令なくば、と見たとき気が付いたのです。

六八二年　この年から『記紀』編纂に着手
七一二年　太安万侶が『古事記』を選上
七一三年　『風土記』を編纂

右のような書物が次々とできあがる年であった。これらの書物の舞台が九州王朝に関係ありと露見すれば「大和建国を称える」歴史書とは成りかねる。その上、『万葉集』もその地名根拠が九州にあると解かれれば王朝の尊厳を失う。右の様な懸念一杯の中で、完全抹殺の令を出さざるを得なくなった、ということでありましょうか。思えば、この令の的は九州にあったのだと見ます。

福岡県、佐賀県全土の土地名を剥奪せんがための魂胆、そのための令ではなかったでしょうか。大和朝廷は歴史が欲しかったのです。総ての九州の歴史は全部、余すなく大和発としなければならぬ。この命題を掲げた時、この七一三年の令ほど有効なものはないのです。なんという凄い智恵でしょうか。ただ感嘆のほか言葉もありません。

九州倭国は、大和の思惑の通りに見事に消し去られたのです。戦い破れて山河あり、と言います。しかし山河すらも名はなくて、持ち去られたまま今に至るのです。勝者の立場でこれ程徹底した戦後処理のあり方は、敗者への抹殺のやり方は、恐らく世界にも例を見ないのではないでしょうか。

『古事記』、『日本書紀』、『万葉集』、『風土記』。これ等に出てくる地名は全部余すなく関西にあります。摂津、大和、河内、泉、琵琶湖に散りばめるように定着しています。しかしそれが右に掲げた本の中身と殆ど合うことがない。『万葉集』は特にひどい。大和の真ん中にカモメが乱舞するワ、漁り火が見えるワ、海士の小舟が行き交うワ。これが大和の真ん中から見えるのだそうです。

こうして千年以上も経た今、北九州を尋ねてみても歴史の故郷は、これと思えど比定することも叶わず、大和にも何の愛着も感じられず、後世の人の何と悲しいことでしょうか。私は歴史を繙きながら、そのように嘆息するのです。

さて、葛城王家が如何に位の高い家柄であったかを、お話しする必要がありましょう。葛城家は倭国において、神代からの名門でした。謡曲に『代主《しろぬし》』というのがあり、葛城山は事代主を祀った山、高間の山ともいわれ、王城の鎮守と謡本は記します。今、名は変えられているでしょうが、王城とはそれを太宰府と見ると、多分基肄城、恐らく基山と今言われている山が「葛・基山」ではなかろうか、と。葛城王家は「神の山」とも言われたその末孫なのです。

この名門から仁徳天皇家へ嫁いで来た女性があります。磐の姫です[八]。この人はこの時代には珍しい天皇の側室を一人たりとも許しませんでした。仁徳は博多に初めて都を作ったという天皇です[九]。天皇は吉備の黒姫を愛しますが、即刻に磐の姫によって辛辣に追い返されるのです。天皇はこの後、妻に隠れて黒姫に逢いに行ったと『古事記』は記します。

もう一話。磐の姫が祭祀用に必要な柏の葉を取りに、能古島まで出かけた帰りのこと。天皇が御殿で八田姫を招いて楽しんでいると、余計なことを聞かせる人間がいて、逆上し烈火の如く怒った磐の姫は、舟一杯に積んだ柏の葉を皆海中へぶち撒いて、博多から河を遡り、さっさと実家へ帰って仕舞うのです。驚いた天皇は詫びの使者を出しますが、許すことなくとうとう死ぬまで宮中へ帰らなかったと。誠に激しい女性です。何故天皇に対しこのような振る舞いができたのでしょうか。それは思うに実家の家柄です。天皇家と同格かそれ以上の場合のみ、許された行為であるということでしょう。

葛城王家は倭国においてもトップクラスの王家であったと考えていいと思います。この王は大和王朝にとって再びこの世に生まれて欲しくない王様でした。そのため、古墳の中を種々傷付け、頭部まで持ち去つたのです。今も村人の手によって祀られるということは、大和朝廷とは無関係の被葬者ということでしょう。その上高松塚は上に松の木が高く生えている由。松は倭国を象徴する木といわれ、梅花、鶴亀と共に国を代表するものであるといいます。敗戦国倭国の名門王者、しかも理不尽に捕われたまま大和の地に果てた古墳の主、葛城王。高松塚の主はこの方を置いて他にはないと考えます。

千三百年前。あれ程、倭国との関りの隠滅を謀り通した大和朝廷の努力も、この古墳の出現によって悪事露見の糸口になるのではないか。捕われ人の代表王者として、この古墳は頑固に歴史を語り続けていると思うこと、切です。

平成十二年七月十三日

応神天皇は筑紫の王

このほど『諸国一の宮』という本を、親切な友人から賜りました。本好きの私は嬉しくて、全国をかけ巡るような思いで夢中で拝見しているうちにまたまた不思議に遭遇。もう暫くペンを置いてと固く誓いながら、批判の虫が承知しなくて筆を持つことになりました。応神天皇についてです。応神天皇はこの本によれば、九州で四カ所にも祭られ、しかもそれぞれ『一の宮』として祭神の筆頭にあげられているのです。左に掲げて見ます。

一　筥崎宮筑前一の宮　　応神天皇、神功皇后、玉依姫命、この三神のトップに祭られています。

一　宇佐神宮豊前一の宮　　誉田別尊（応神天皇）――八幡大神として現れ比売大神、神功皇后、ここも三神のトップに祭られています。

一　柞原八幡宮豊後一の宮　　応神天皇を祭神としています。

一　千栗八幡宮肥前一の宮　　応神天皇を祭神としています。

このように、北九州に三カ所、豊後に一カ所、応神天皇は祭られているのです。関西の天皇であったはずの方が、何故九州なのでしょうか。しかも、一の宮です。これは素直な目で見る者には、応神天皇は九州の人物であったからこそ九州の地に祭られている、と見えるのですが。これは当たり前の平明なことと言ったらお叱りを受けましょうか。

私は以前から、応神天皇も九州の王と睨んでいました。何故なら子息の有名な仁徳天皇でさえ博多の王であると、先日博多の祭り「どんたく」で書かせて頂いたところです。子息が博多なら、父天皇が関西であるはずはないと密かに思っていたのです。ヒントは謡曲でした。ですから「ああまた謡曲か」と、皆様のもう食傷された鼻つまみのお顔が私には見えるのです。そのためもう謡曲との関連はこれくらいにしてと決めていました。しかし今日、別口の本が私を突っつくとは、予期せぬことでありました。

ところでふと思うのです。ここで応神天皇が四カ所にも祭られていながら何故子息の仁徳天皇の宮が九州に無いかと。父天皇以上に祭られても不思議はないはずです。この方は歴史に特筆される程の善政をされた天皇でした。しかし、『日本書紀』はこの天皇を関西へ攫って行ったと、この前申しました。そしてそのために遺跡も神社も筑紫からは消されたのでありましょう。『日本書紀』に合わぬ祭神は遠慮なく抹殺されたものと見ていいのではないのでしょうか。応神天皇は何故一の宮神社に名が残っているのか。鬼の目の見残し？、いいえ見残しではなくて「目こぼし」なのです。この方を関西へあからさまに攫ったとなると、これまた歴史上困るのです。応神天皇の父王仲哀天皇と母神功皇后の消すことのできぬ偉大な遺跡が北九州海岸を舞台に足跡として残るわけです。仲哀天皇の宮殿は香椎にあったといいます。関西琵琶湖の北、穴穂から遠征されたといわれてきたのですが、どうもこれは信用の外で、始めから筑紫の人物ではないかと思うのです。

殊に、妃神功皇后の残した事績は博多の側にある住吉神社の底筒男、中筒男、上筒男の絶大なる御利益。また、新羅の国に押し入ってこの国を御馬甘とし、百済の国を渡の屯家と定めて凱旋してきたと言われる、古今稀なる女性勇者であります（『古事記』）。悲しいばかりの今日の日本国に生きる者としては、いささか胸もすく思いというもの。大いに称賛の声を送りたい皇后さまではありませんか。そして、唐津湾松浦潟玉島川において裳裾の糸を引き抜いて飯粒で鮎釣りを人々に教えられたという逸話、お産の後の静養をこの海岸でなされた話、彼女の置きみやげの麗しい丸い石が奇なる霊石として九州北海岸に祭られること。その戦果赫々たる皇后が折角苦労して産まれた大事な宝物である応神天皇を、無断で関西の天皇にする等とは、誠にもって失礼です。が、『書紀』はそれでも強引に大和の天皇に据えてしまったのです。九州北海岸にこれだけの事蹟が残るのにです。さすがに『書紀』も、海もない大和へ母皇后の足跡までは持っていけなかった。そこで偉大なる皇后に対する手前もあってか、子息を九州の神社に祀る事くらいは目こぼししなくては罰当りというものです。

結局、仲哀・応神・仁徳と三代は、筑紫の王であった可能性が高いのではないかと思うのです。

ついでに申し上げます。私は神武から継体天皇まで本当に大和に居を持った方々か疑っています。神武の東征は大和ではないと別稿にて認めました[二]。この系統は恐らく神武の血を引く貴族ではあっても、九州において大王と言われた身分であったかどうか、はなはだ疑問です。九州王朝においてはこの時代、百済から高良の宮殿において七支刀を贈られた「旨」という天子があり、また、讃、珍、済、興、武の倭の五王が太宰府において対外的にも活躍しており、「日出る処の天子、日没する処の天子に書を至す」と隋国に国書を送ったという天子多利子北弧があり、さらにその嗣子利歌弥多仏利の時代へと続きます。しかし、この間、国書を見渡したところ、一向にそれら該当者もなくて、古田史学により既に明らかにされた通り、この『日本書紀』という国書は九州王朝の史書とは別系統と思われるのです。仁徳以後、雄略まで見てもこれという事績もなくて、目立つのは雄略位ですが、これも次期天皇の市辺の押歯王を狩りに誘い出して相手を闇討ちにして自分が代わって天皇になったと記される話の持ち主です。狩り場の淡海は博多湾の能古島のことといいます（謡曲）。鹿猪が多くいたと。雄略以後、清寧、顕宗、仁賢、武烈、継体まで殆ど天皇らしき人物はなく、顕宗、仁賢は押歯王の子息ですが、逃げて下男をしていたという人物です。

それでは、関西大和に神武一族が誰も来ていないということになると、一体誰が大和を支配していたのでしょうか。空っぽであったはずはないのです。わたくしの思索の先はおのずと関西大和のあの無名の膨大な数の古墳群の主へと進むのです。

平成一四年四月二十二日

注一　『文政天保国郡全図並大名武鑑』人文社蔵　「筑前国」に見える
二　本書「通史─神社の語る古代史・補遺」葦原中国と神武東征の真実
三　『古代史の十字路──万葉批判』古田武彦著　東洋書林　平成十三年
四　『文政天保国郡全図並大名武鑑』人文社蔵　「筑前国」に見える
五　『神武歌謡は生きかえった』古田武彦著　新泉社　３１頁他
六　謡曲『草子洗小町』に「それ万葉は平城の天子の御宇　選者は橘の諸江　歌の数は七千首に及んで」とある。

七　『黄泉の王――私見高松塚』梅原猛著　新潮社　昭和四十八年
八　『古事記』仁徳天皇条
九　謡曲『蘆刈』に「難波津に咲くや木の花冬籠り　今は春べと咲くや木の花と栄え給ひける仁徳天皇と」とある。
一〇　「これは老木の神松の千代に八千代にさざれ石の巌となりて苔のむすまで　苔のむすまで松竹鶴亀の　齢をさずくるこの君の行末守れと我が神託の　告を知らする松風も梅も久しき春こそめでたけれ」『観世流百番集・老松』
一一　『諸国一の宮』入江孝一郎著　移動教室出版事業局　平成十三年
一二　本書「通史―神社の語る古代史・補遺」

大和朝廷前史

——饒速日《にぎはやひ》・宇摩志麻遅《うましまぢ》王朝

神武の東征は大和でしょうか

神武天皇の東征について前から疑問がありました。それは万世一系と『書紀』が言うに拘らず、大和にある無名の膨大な数の古墳群のあることでした。これは先祖の墓であるはずです。我々庶民でさえ知る限りの先祖は菩提寺にも頼み、子孫にも言い伝えて暮らすのが日本人ではないのでしょうか。それがです。例えば、万世一系という天皇家ともあろう家柄の平城京の大極殿の下から無名の立派な古墳が出てきた等と、驚く話を聞かされるのです。古墳とは庶民の墓ではないはずです。先祖の墓を踏みつけて建築物を、しかも大極殿を恐れもなく建てるとは、我々でさえ考えられぬことです。これは思うに、その墓は先祖の王家と天皇家とは全く無関係だということではないかと私は思います。では下敷きにされた墓は一体、何様家の誰のものでしょうか。大古墳です。庶民のものではないとしたらどの王朝のものかと言わせて頂きたいところですが、『記紀』を見てもそのような王朝はありません。私の疑問はこの辺りから始まりました。

明治の頃、天皇家の墓は一応皆代々比定されて、今では宮内庁が国民を寄せつけないで管理していると聞きます。これ等もそれまでは長年無名であった古墳です。明治になってにわかに囲って名を付けたとて信用できましょうか。大和にある膨大な古墳群を見る時、どうしても王朝の断絶を思うのです。

神武天皇はこれまでの常識のように本当に大和を東征されたのでありましょうか。神武(伊波禮毘古)の東征が架空であったなどとは思いません。ただ攻め込んだ国違いであると思います。伊波禮毘古の攻め取ろうとした国は饒速日命の国、委奴国だったのです。『書紀』にはこの辺りの書き方が謎めいて解り難いのですが、何故か神武は突然饒速日命のことを天から飛び降りたなどと妙にチラチラと名を出して、にわかに「何《なん》ぞ就《ゆ》きて都つくらざらん」と雄叫びを上げているのです。饒速日命の国、委奴国を羨望している様が『書紀』伊波禮毘古の冒頭に書かれています。彼の目には焼き付いていたのです。委奴国の豊かな富の姿、王国としての悠然たる尊厳が。このような話は日本の古代に邇邇芸命の一族以外に、饒速日命の王家が厳然として存在した事を踏まえて始めて理解が可能なのです。『記紀』はこれを抹殺したのです

そして神武は武器を作り軍艦を作り打ち負かしてあの肥沃な土地を奪い、王となり華やか

な都を作れるものと夢見たのでありましょうか。神武一族は攻め込んだのです。『書紀』は「中洲《くに》に入らむと欲す」「中洲に趣かむとす」と、二度攻め込む国の名をはっきり書き留めているのです。中洲とは「中国」。何れも「葦原中国」に同じでありましょう。先にも記しましたように葦原中国は饒速日命の国であり、委奴国です。決して遠い大和等ではないのです。

伊波禮毘古（神武）は対馬において、一国どころかたいした土地も持たぬ一族であったのではないでしょうか。しかし、饒速日命の子息宇摩志麻遅《うましまぢ》は生まれながらの一国の大王であり、「富」というほどに、富の物部氏の絶大なる援助を受け、その上天照大神から天下を治めるべしとのお墨付きの宝鏡までも父親から譲られているのです。伊波禮毘古一族は同じ天孫族の一族を羨まぬはずはなく、如何に悔しかったことかといささかの同情も覚えますが、ともあれ伊波禮毘古一族の長年の怨念は、この場所九州葦原中国においてこそ、それはリアルに迫るのであって、この舞台を遠い大和へまでも持って来ては、何のために振り上げたのか拳の行方も宙に浮くのです。

恐らく唐津湾内高島において八年間の軍備の後、いよいよ出征です。恐らく少なくとも軍艦三隻は連ねたかと思います。『書紀』にも「舳艫《ともへ》相接《あひつ》げり」とあります。艦隊は東を向いて出立しましたが、糸島水道は見張りもあり大船の通行は目立ちます。それ故、遙か沖を通らねばならず、そうすると速水の門の難関が待ち受けているのです。祝詞の速開都姫《はやあきつ》のいます玄界灘の急流に、船は下手をすると出雲の海へ持って行かれてしまうのです。そのために水先案内人、椎根津彦の必要があったのです。

艦隊は漸く無事に難波（博多）に着いたといいます。河を遡ったといいますが、どの河か良く解りません。筑後川に突き当たった所が青雲の白肩の津。そこから上陸して徒歩で龍田路を進む作戦でした。しかしこの龍田路は戦いには狭かったといいます。作戦変更。今度は東を向いて、生駒山を超えて中洲をせめようと言ったといいます。生駒山は今の篠山でしょうか、小高い程度の山かと思います。全軍が山の向こうへ駆け降りた所を待ち構えていたのが富の那賀須泥彦でありました。相手は孔舎衛坂の上で待っていたのです。雨の如くに矢は上から降るのです。これは勝ち目がありません。総司令官五瀬命までが痛き矢傷を腕に負うたといいます。これが緒戦に惨敗を喫した孔舎衛の戦いです。

神武の軍は散々の目にあって、元来た道を逃げ延びて繋いであった船に再び乗り込んだのです。ここを盾津草香津というと。ここから筑後川を下って逃げたのです。敵は追っては来なかったといいます。しかし不幸は重なりました。彼らの一団は有明海へ出るまでに、大暴風雨に見舞われたのです。船は木の葉の如く弄ばれて一隻は岩礁に打ち付けられてか、二人の兄稲飯命と三毛入野命は海に浮かんで悔しいと叫んで果てたといいます。船が壊れたものでありましょう。浮かんだのは大将ばかりではないはずです。

九死に一生を得た神武の軍はどれくらい兵が残ったでしょうか。日に向かって戦いをしたのが間違いであったと反省して、とにかく有明の海へ逃れたのです。重症の兄を抱えていました。そしてたどり着いたのが茅沼の海「血沼」。そばに住之江の浜があり（『万葉集』九九九）、今も住之江の名があります。吉野川の河口あたりですか。この海で五瀬命の傷を洗いますが、間もなく亡くなるのです。ここを男の水門というと記します。神武は緒戦で三人の兄を失ったことになるのです。この戦いは悲しい出発でした。してはいけない戦いでした。身内の繁栄を願っての東征です。片腕と頼む兄達を亡くして、何が一家の栄光でしょうか。緒戦の惨敗。『書紀』も書きたくなかったのか、時代の違う尾のある人が出てきたり、天孫降臨の戦いを語ったり、夢の話を正気で話したり、理解しようと思う方が無理です。『書紀』は悔しくて狂って見せるよりなかったのでしょうか。しかしまともに耳に留まることは、熊野で全員病気になった時、富の物部氏側の熊野の高倉下という神主が病気を治してやったこと。つまり敵に助けられて、「さっさと故郷へ帰るべし、逃げ路をカラスという案内人を付けてやるから即刻出国するべし」と説教されたことです。「天つ神の御子、こよ奥つかたにないりたまひそ」等と書きますが、鬼の如き敵将にこんなに丁寧に言うもんですか。平和な国へ突然乱入、武力を行使する狼籍の鬼どもにです。しかも彼らは病気まで治して貰い、全員無い命を助けられて面目丸潰れであったはずです。にも拘らず彼らはその忠告を無視したのです。無視せざるを得なかったのかも知れません。振り上げた拳を下ろすことの如何に困難なことか、二千年も後の我々もそのことは知ったばかりです。この前か後か『書紀』の言うことはよく解りませんが、たった一度勝った話、忍坂の大室屋で大量に騙し討ちで相手を殺したといいます。卑怯な戦いです。インカ帝国の滅亡と同じ手段。これには一挙に物部氏の貴族や高官が大量に亡くなったことと思われて痛ましいのですが、やはりこの事件の後、危険を感じた物部氏側が王、宇摩志麻遅を奉戴して愛媛へ密かに疎開させたものと私は見ています。

ここまで書いてきてふと大変なことに気が付いたのです。これは神武一族だけの戦いではないと。『記紀』は邇邇芸命系の歴史書です。神武一族が戦っているように記述しながら旗印として先頭にたてながら、実際は後ろで邇邇芸家が主力として一緒に戦っている、――とふと思いうかびました。これは大変なことです。弟邇邇芸家が兄饒速日家を攻め込んでいる図ではないか、と漸く両王家の戦いであると気が付きました。その先頭の看板に使用した武将が神武であったということです。王国と王国のこれは大戦争です。「倭国大乱」と言ったはずです。神武などは目ではなかったのです。ほんとに驚きました。この辺りの古代が、鈍い私にもやっとやっと俯瞰できました。

神武が戦闘準備をしていた唐津湾の高島は、邇邇芸家の土地だったのでしょうか。土地も持たぬ神武が四年もここに居座るのがおかしいとは思っていたのです。しかもおおっぴらに軍艦を造り武器を造って、周辺に分からぬはずはあるものですか。委奴国とは目と鼻の位置。八年も前から饒速日家は情報を察知していたことでしょう。古代といえども不穏な空気は筒抜けであったはずです。

饒速日王家が如何にこれに対し、受けて立つ戦闘準備をしていたか。その証拠は今も残っているのではないでしょうか。吉野が里です。あの延々と続く長大な壕。その深い壕の中を覗いた方はお分かりでありましょう。目も眩む深さの底をその上菱型にくっきりと余分に掘り込んであります。あれに落ちたら絶対に上がれない。命は無いのです。これが八年間の、受けて立ち戦うための準備であったと、二十世紀の人間に知らせるための唯一の名残りではないのでしょうか。勿論吉野が里の壕を造ったのは最初の侵略戦（天孫降臨の時）のもの、その戦跡であると。しかし、その時の壕がこれほど壮大なものであったでしょうか。あれだけ見事な、一度落ちたら生きては上がれぬ、深く切り込んだ傑作に仕上げるには、どれほどの労力と絶大なる富とそして時間が必要かと私は思うのです。これは二度目の饒速日・物部王朝ならではの戦闘準備であったと考えるのです。

戦いに備えて、饒速日・物部王朝は精鋭の将軍を揃えました。先ず兄猾《えうかし》、磯城《しき》の八十梟師《やそたける》、赤銅《あかがね》の八十梟帥、磯城彦、兄磯城、弟磯城、長髄彦等これらの首長達に率いられた強大な大軍と関、関、関において死闘を繰り返したということです。相手も援軍は幾らでも送ったはずです。国と国の一騎打ちです。どちらも負ける訳にはいきません。如何にこの戦いが激しいものであったか、その凄惨な戦いの跡は現代に至るもはっきり残っていたのです。吉野が里の戦跡。延々と続くあの長いお墓の列。何層にもなる甕棺の夥しさ。あの深い壕の中には、棺にも入らぬ若い兵卒の遺体が数も知れず敵味方もなく埋め尽されていたことでありましょう。最後には宇田の地を一面の血原となして東征は終焉したのです。凄惨な終幕でした。双方の損失は莫大であったはずです。『古事記』は戦いの間、歌ばかり連ねて終始、殆ど実情は解らなくしていますが、最後に言いました。

楯《たて》並めて　伊那佐の山の
樹《こ》の間よも　い行きまもらひ
戦へば　吾《われ》はや飢《ゑ》ぬ。
島つ鳥、鵜養《うかひ》が徒《とも》、
今助《す》けに来ね。

と。兵站が全滅して最後に残る軍は飢えたのです。『古事記』の戦いの記述は、悲鳴をあげてこれでおしまいです。『書紀』は、

連《しきり》に戦ひて取勝《か》つこと能《あた》はず

と。連戦連敗したといっているのです。空しい戦いでありました。戦いを引き受けた神武は敗れたのです。そして邇邇岐家は敗れたのです。『書紀』は誠に悔しそうに、しかしこの戦いは「負けた」と書いているのです。「取勝《か》つこと能はず」と。
けれどもこの戦いを本当に企てて、兄の饒速日王家をなきものにしようと企んだ邇邇芸家はどうなったのでありましょうか。これは私の想像です。勝ったとする饒速日国の軍隊は黙

って敵国の首謀者や大将の存在を許したでしょうか。これは古代です。私は殺されたものと見ます。何故なら都はこの後、王もなくて内乱が長く続いたと支那の国書は言うのです。そして卑弥呼《ひみこ》をやっと擁立させたと言います。擁立とは周辺の国がよって立てたものでありましょう。卑弥呼は紀家の姫、呉国出身と。[一] なるほどと、乱が漸くおさまったはずです。

ここで注目して頂きたいことは「倭国の磯城邑の磯城の八十梟師」[二] と敵将の名をいっているのです。『書紀』ははっきり「倭国」で戦ったといい、大和での戦いとは言っておりません。また歌の中の「伊那佐の山の」という伊那佐はこれまた、九州の地名です。念のため。

神武はこの戦いの邇邇岐国の傀儡的存在であって、勿論天皇等と呼ばれた日は一日たりとも無かったはずです。筑前の山中に畝町《うねび》があります。[三] 一族はこの辺りへ逃げ込んで、長く臥薪嘗胆の歳月を送ったのではないかと思うのです。

そして邇邇岐家はあの戦いの後一度は瓦解、雲散霧消したのではないかと思っています。都はその後、卑弥呼一族に託されたのですから。

平成一四年五月二二日

饒速日・宇摩志麻遅王朝

饒速日命の歴史は戦前の教科書にもなく、書かれた書物も殆ど無いのではと思います。弟、邇邇芸命系の天孫降臨という華やかな戦勝の陰になり、天照大神の最も愛し期待していたであろう長男、饒速日命の歴史は日本歴史から全く陰を潜めた形となっているのです。今まで日本人が聞いてきた歴史は次男、邇邇芸命系のものです。

しかし、この饒速日命の足跡は日本人として決して忘れてはならぬものとして考えて見たいと思うのです。私のようなものがこれを書き留めたいと思いましたのは、「日本国家に求める箸墓発掘の学問的基礎」と題する古田武彦氏の貴重な論文(四)を拝見させて頂いたことからでした。それは大和ホケノ山古墳から「内行花紋鏡」が出土したこと、破片ではあるが復元すれば平原遺跡の巨大内行花紋鏡に次ぐ大ぶりの鏡らしいこと、これは卑弥呼の時代のもので、近畿ではなく九州中心の文明の証しであることなどからです。

そして以前に「多元の会」の機関誌に出ていた、京都丹後宮津の籠《この》神社に瀛津《おきつ》鏡《かがみ》(内行花紋鏡)と辺津《へつ》鏡《かがみ》(昭明連弧紋鏡)が祭られているということを思い出したのです。

また別に、瀛津鏡・辺津鏡とは聞き覚えがあり、懐かしく感じて思い出したことは、これは昔、京都で石上神宮分社で祝詞を聞かせて頂くご縁があり、その時の祝詞の中に出てくる一節の呪文でありました。

瀛津鏡　辺津鏡
八握《やつか》の剣　生玉　まかる返しの玉　たる玉　ち返しの玉
大蛇《おろち》のひれ　蜂のひれ　品物《くさぐさのもの》のひれ
ひーふーみーよーいーむーなーやーこーとー

これは十種の宝、「とくさ、みずの宝」と称すと聞いています。以上の宝は天照大神から天孫の証に饒速日命に授けられたもの。これは病める人を癒し、苦難の人を救うためのもの。饒速日命はこれを持って天降られたといいます。

この天降られたということは天孫降臨、つまり饒速日命こそが真の天照の後継者として、この国の宗主として許されたる家柄であったのではなかろうかと思われます。

饒速日命は邇邇芸命の兄に当たる方といわれていますが、この方だけが何ゆえ大国主に仕えていたのかということが不思議でした。このほど宮津の籠神社より貴重な社伝の御本としおりを頂きましてその疑問が漸く解けました——、と申し上げたいところなのですが、菲才のせいで、はなはだ難解、漸く明るみに出たかと思しきを拾ってみました次第です。

籠神社社伝は、古代、天照大神が月神（豊受大神）やひるこ神、それに孫の饒速日命を連れて一家でこの地、京都の北、宮津に住んでいたと言います。ここは出雲の地続き、日本海に面した要害の地です。何故、日向《ひなた》の人々がここにいたか。社伝だけでは解けませんが、しかし、古田史学出雲王朝説があります。「天照は出雲大国主の一の家来であった」これです。「ここを守護せよ」との出雲の命令によって一家で出仕していたと考えられます。天照大神はここに孫の饒速日命を連れて、手塩にかけて育てたのです。ということは、如何にこの孫に期待し大事に思っていたかということでしょう。さらに社伝は、饒速日命が成人するのを待って、彼女が本国高天原へ帰ったと言います。高天原は筑紫の日向にあったはずです。これは福岡県糸島、怡土の日向《ひなた》です。そして天照が自国へ帰ったその代わりとして饒速日命を正式に出雲へ差し出したと思われます。つまり自分の代理として仕えさせたということです。兄の饒速日命だけが出雲に仕えたことは不思議でしたが、しかしこれは出雲王国へ臣従していた家来一族としては当然の成りゆきであったのです。

そこで大国主命は、我が愛娘道日女を饒速日命に妻として与えるのです。これは最上の待遇であり、若き命にとっては輝く栄光であったはずです。命はこの地で姫と結婚して男子、香語山《かごやま》命を儲けます。大国主の信任が殊のほか厚かったと思われます。

この饒速日命の子息、香語山命が漸く成人した頃のことでありましょうか。天照大神は饒速日命に本国高天原へ帰国を命じます。[五] そこで饒速日命は妻道日女と子息香語山命を宮津の地に残したまま単身本国へ去って行くのです。この子息香語山命の末裔が宮津の籠神社において今なお、海部氏として健在なる由、二千年に渡る系図（国宝）もある由です。

さて歴史は続きます。天照大神の下、日向へ帰った饒速日命に天照は瀛津鏡・辺津鏡二面を始め十種の宝を授けて、「汝はこれを持って葦原中国を統治せよ」と言ったといいます。[六] この家宝ともなる立派な鏡を与える事ができるようになった、ということは天照が自国へ帰ってから段々力を付けて国が豊かになったということで、宮津の地で家来として仕えている間はとてもそのような余裕はないはずだと私は思うのです。この点だけを考えても、宮津の神社に最初からこの宝の二鏡があった、つまり香語山命が饒速日命から宮津で貰ったもの、という社伝は納得できないのです（後述）。

さて天照が言った「葦原中国を統治せよ」の「葦原中国」は固有名詞、立派な地名ではないでしょうか。古代、有明より以北佐賀、神崎、伊都辺りまでをいったものではないかと思います。ここ葦原中国が『後漢書』のいう「委奴国」に該当するのではないでしょうか。

葦原中国ほど誤解されてきた地名はないように思います。現に籠神社社伝は天照の本国も饒速日命の帰った国も高天原。葦原中国もこれら総て大和にあると認識されているのです。しかしこれはこれまでの日本の常識です。が、こうなると、饒速日命の足跡などとても追うことは不可能ではないかと思います。この葦原中国が、大和の国でフラフラと宙に浮いていては饒速日命の歴史に筋の通る訳はありません。

大和の石上神宮暦を拝見しますと、饒速日命が天照大神から十種の宝を授り降臨された地は「熊野」であると記されています。九州から一足飛びに和歌山の熊野ではお伽話になります。やはり熊野は北九州でありましょう。

話を元へ戻します。饒速日命が天照大神に呼び戻されたのは何のためだったでしょうか。彼が天照の元へ帰った後、葦原中国の熊野において天孫降臨の儀式を行ない、宗家としての天照の跡継ぎをさせるためではなかったかと思うのです。ところが、真に目出度い祝い事が終わったばかりにもかかわらず、『書紀』の言う弟邇邇岐命の「天孫降臨」の大戦が始まったというのです。天孫降臨とは儀式のことで、戦いを始める掛け声ではないはずです。弟の天孫降臨も意味不明の所へ鉄器の暴力とは。もしもこの時天照が生きていたとしたら、兄弟二人に宗家の跡継ぎをさせるような矛盾した行事をさせるものでしょうか。それにこの兄弟は年が随分離れているはずです。饒速日命が天照と一緒に宮津にいた頃にはまだ生まれてはいなかったか、兄とは親子程も離れているはずです。天照はこの邇邇岐命を知らないで亡くなったという気がするのです。『書紀』のいう邇邇岐命が真床覆衾《まどこおうふすま》を纏って天国《あまくに》から飛び降りた時にはもはや、天照はいなかったのではないでしょうか。もし生きていたなら、天孫降臨等と宗家をないがしろにしたふざけた看板を押し立てて、その実出雲王朝を鉄器の暴力で血祭りにあげ絶滅させるような暴挙を彼女が許すはずはありません。何の恨みか恩ある出雲の血を一人残らず絶滅させたのです。出雲には天照がかつて恩になった大国主も健在でした。また愛する曽孫香語山もいるのです。「天照の命令で暴挙を決行した」と書く『書紀』の記述は邇邇岐家のデタラメではないかと私は疑います。もし天孫降臨というものが尊い儀式ならば、そのために何故甚だしい暴力を付随させたのでしょうか。

饒速日命の天孫降臨の時には、目出度く土地の豪族の娘と再婚しているのです[七]。

天照大神は、両親の伊弉諾・伊弉冉が人一倍優れた娘、太陽のごとく輝いた賢い娘であるとして自分たちの創った扶桑の国を与え跡継ぎさせた程の人物です。彼女の名誉のためにも、この『書紀』の天照を道連れにした悪事の一行を正さねばならぬと思いました。邇邇岐家の『書紀』の記述のために、どれほど天照が後世の日本人に悪者に仕立てられたことか。死して弁明のできない彼女の名誉挽回のためにです。彼女は今もなお、神無月の十月には毎年出雲へ仕候のために参殿していると聞きます。このように死しても主家に仕える天照が主家の絶滅を画策などするはずはないのです。

思えば慣れ親しんできた出雲の地、愛してくれた義父大国主、残して来た妻子。何れも後ろ髪引かれるものばかりに弓引くことなどできましょうか。私はこの饒速日命だけは頑として弟の行為を許さなかったことと思います。饒速日命は弟のやり方を心底怒っていたのでしょう。

饒速日命は最初の降臨地熊野を本拠としたとき、物部氏富彦の妹富姫と再婚して、宇摩志麻遅という跡取り男子を儲けます。それ故饒速日命の末孫は、物部氏系と宮津出雲氏系の二系統に分かれて存在したものでありましょう。

葦原中国と比定させて頂いた佐賀の地は今も「芦刈」という地名があり、謡曲にも残っています。この辺りは物部氏の本拠のようであり、今なお、佐賀県には物部姓の方が多々おいでになる由。

しかしこの邇邇岐命の天孫降臨の戦いが収まって以後の「倭国大乱」の時、葦原中国を統治していた饒速日命の子息宇摩志麻遅命は、愛媛の海岸へ居を移したといいます。

次にこの国が大和へ入った理由、これは解りません。しかし、宇摩志麻遅命が磐船（サヌカイトを運ぶ船）に乗って降臨された、という好意的な民間伝承が大和にあることは有名です。川を遡った上陸地点にその船が朽ちるまで伏せてあったと。これは『旧事本紀』にも河内国河上の哮峰《いかるがのみね》、今の大阪府交野《かたの》市私市《きさいち》の哮ヶ峰《いかるがのみね》の山中に天降られたといい、この地は古代、河内と大和を結ぶ旧磐船街道の道筋という由です。また、『秋田「物部文書」伝承』にも同様の記載をみるということ。その上、この哮ヶ峰には磐船神社という古い神社が鎮座していて、その縁起によれば、祭神は天照大神の孫饒速日命を祭るといいます。「天孫降臨に先だち、日本の国の中心である現今の奈良県大和の国に入らんとして、三十二人の伴人を率い、十種の瑞の神宝を奉侍して天翔り、空翔り、天磐樟船に乗り、河内の国川上哮ヶ峰に天降った」とある由。その上、同神社の裏手には饒速日命が乗船してきたと言われる天の磐船という四、五メートルの花崗岩の自然石がご神体として祀られているということです。

さて、この饒速日・宇摩志麻遅王朝は、継体天皇の時まで栄えて続いていたのではないかと考えます。つまり大和において五〇〇年ほどは続いていて栄えた王朝は、この饒速日・宇摩志麻遅王朝ではなかったかと。つまり、大和に神武天皇家があったという歴史は架空ではないかと思われるのです。二つの王朝の並び立つはずはないのです。

「物部氏の武器庫が石上神宮にあり」とは度々聞いた言葉でありながら、今まで、何一つ気にも止めずにきました。明治の頃までは、あの国宝の七支刀がこの武器庫に錆のまま放り込まれていたということも聞き及んではいたことでした。しかし思えば大和に幾つもあった普通の豪族が武器庫等、物騒なものをいちいち持ちましたでしょうか。しかも延々と連なる武器庫があったというのです。

武器庫があれば軍隊があるということです。国を護るために軍隊を持つのは王様ではないのですか。「武器庫を持っていた」ということが、この国が王国であったという何よりの証拠だと私は思うようになったのです。

物部氏が単なる氏ではなく王朝であったことを、我々日本人は『記紀』に翻弄されて顧みることさえ忘れてしまったのではないでしょうか。紫式部でさえ、国書などは「かたそばぞかし」と噛んで捨てるように言いました。紫式部は『記紀』の何たるかを知っていた数少ない知識人であったかもしれません。

この饒速日・物部王朝には鏡二面が伝世されていたはずです。天照大神が手塩にかけた最愛の孫、信頼する饒速日命に「この国の代々の王たるはそなたにこそ」とて、二鏡の宝を含む十種の宝と最良の土地を与えたのでありました。それ故、子息宇摩志麻遅達が愛媛、大和と居を移りはしましたが、この家宝だけは死守してきたはずです。

ホケノ山、藤の木古墳などを始め数多くの大和の古墳。棺内の鏡はこの王朝の宝鏡に対応するものではないかと思うのです。瀛津鏡（内行花紋鏡）、辺津鏡（昭明連弧紋鏡）です。親族に同形のものを造り、分ち与えたのではないかと。殊にホケノ山古墳からは大きな内行花紋鏡が出土したということですから。

私はいよいよ、饒速日・宇摩志麻遅王朝の終焉を何故か語らせて頂かねばならぬことになりました。

丹後の籠神社について思い出があるのです。もう二十年にもなりましょうか、有馬温泉から山越えで鳥取の砂丘までバス旅行した時のことです。何しろこの山越えのバス路は険しくて、固く目を閉じてただ耐えるばかり。その時、ガイドの「もうすぐこの神社に到着です」の声にバス酔いも覚めて、世にも不思議な説明が耳に届きました。それは「ここは昔、大変偉ーい王様が逃げ込まれ、この地に隠れられて村人が匿った所です」と言ったのです。私は思わず外を見たことです。間もなくバスは止まり古色蒼然とした神社に到着。参拝はしたのですが、神社の御名も一向に解らず、後で周囲にその逃げ込んだ王様は誰かと聞いて見たのですが、明智光秀か等の声あり、誰も解らず心を残しながらの旅でした。今にして思えば、これは大昔からの貴重な「民間伝承」ではなかったかと。「この」神社と言ったのは籠神社のことであり、ここが瀛津鏡・辺津鏡を祀る籠神社であったと理解できたのは最近のことです。バスガイドが、一言ここは日本海の宮津と言ってくれればと残念で、初めての三景の一つ「天橋立」をも見損なったことです。またバスが正面からでなく後ろの山道から本殿の横腹へ直にずかっと着いたので、鳥居一つない、門もない変わった神社と感じたことと、しかし山深い田舎のお宮がなんでこんなに厳かで例のないほど立派なたたずまいかと、不思議な思いでしげしげ見とれていたことを思い出します。

今から約千五百年前、継体天皇に攻め込まれて饒速日・宇摩志麻遅王朝最後の王はいかがなされたでありましょうか。昔バスの中で聞いた籠神社の民間伝承がにわかに現実のものとなって蘇り、書き留めずにはいられないのです。それは二十年以上もの戦いの後、終に大和を追われた饒速日・宇摩志麻遅王朝最後の末孫が、家宝である二鏡をこれを守るためにのみ辿り着かれた先祖ゆかりの地、宮津ではなかったでしょうか。この鏡が敵の手に渡るよりはと、せめてもの所縁の神社に納めたいと。その身は追われ、傷付き明日をも知れぬものであったかも知れません。鏡を神社に託された時が「饒速日・宇摩志麻遅王朝」としての終焉の幕を閉じられた歴史的な時点ではなかったかと思われるのです、いのちよりも大切な宝鏡でありました。この王様のいきさつが、今でこそ観光の不思議な「一つ話」として、ガイドに語られていた民間伝承ではなかったかと。

継体の軍が血眼になって最後まで執拗にこの最後の王様を追ったということは、ただいのちを狙うことより、この鏡を手にしたいためではなかったでしょうか。何故ならこの鏡を持つ者こそがこの国を治める者、と宣言した天照大神のお墨付きは、周知の事実であったからです。

しかし、籠神社社伝には今述べたごとき記述、つまりここ「宮津にはあるはずのない」二鏡の来たり至ったところの肝腎の由来は一言もありません。むしろ出雲系子息、天香語山が最初からこの二鏡を貰い受けて、ずっと籠神社にあったという認識のように伺えます。が、これはやはり史実とは異なると思うのです。何故なら社伝には天照が先立って自国へ帰り、後年饒速日も自国へ帰ったといっているのです。その後天照から家宝にせよとて鏡を始め十種の宝と葦原中国を貰ったのです。

ならば貰い受けた鏡は、北九州怡土国日向高祖山で貰ったものでありましょう。一生家宝として自分の身の側へ置くべき物を、わざわざ宮津の子息に渡しに行くことはないはずです。饒速日命が九州を出た形跡はありません。ならば饒速日命は後年、側にいる子息、宇摩志麻遅にこの家宝の鏡を授けないはずはないのです。九州で生まれた物部系子息に渡さぬはずはないのです。物部家が家宝としていたこと、動かぬ事実でありましょう。

これとは別に、今から半世紀以上も前、瀛津鏡・辺津鏡と高らかによみ上げられた私の伺った祝詞は大和の石上神宮のものであり、もし物部氏系にこの鏡が始めから手渡されていなかったとするならば、物部氏を祀るこの石上神宮にこの祝詞呪文は無いはずではありませんか。最初からこの二鏡が宮津にあったと記すのは、これはどういうことでしょうか。これは決して割愛すべき半端な事柄ではないのです。たとえその鏡の祀られた経緯は先程の私の想像とは違ったものであるにせよ、厳然として存在する二鏡に対しては、その来たり至ったところの経緯を記すことは伝記としての良心、と一気に書いてきて、ふと気が付いたのです。自分が今、権力を恐れぬ時代に生きていることをすっかり忘れていました。もの言えば唇寒し秋の風。何時も左右を伺って生きた戦前の日々を。敗戦の時までは国柄が違っていたのです。

籠神社社伝を記された時代は自由にもの言える時代ではなかったはずです。真実を書きたくとも社史としては記すことができなかったのではないでしょうか。権力に逆らった者は理由の如何に関わらず賊であり、その賊を匿い、しかも権力が血眼で探す家宝鏡まで「預かった」と知れたならば、どういう騒ぎとなったことか。社家一族は勿論のこと、この一村は数珠繋ぎとなったであろうこと――。大事なことが伝記から外されていたのは当然でありました。

籠神社社伝を拝見して感じることは、祖母天照大神のことは大変詳しいのです。伊勢神宮は籠神社から勧請されたものであり、それ故ここを元伊勢ということなど詳細に記されていますが、肝腎の祭神饒速日命のことは殆どはっきりとは語られず、ただ二千年の系図と末孫あるのみ。

そういえば大和石上神宮社伝にても、伊勢神宮のことは大変尊崇されて記述されているのはよく解るのですが、肝腎の饒速日命のことやその末孫の事の記は殆どなくて物足りぬ思いを致しておりました。が、これは公への多大の遠慮であったと思い至った次第です
千三百年前までは日本の宗主国が九州王朝として厳然とこの国に存在していたこと、古田史学により明らかにされました。

その九州王朝の滅亡時より二百年も前、今から千五百年昔、大和においても滅亡した国のあったこと。それは天照大神の直系の王、饒速日命・宇摩志麻遅命によって建国されたものでありました。天照大神よりこの鏡を子々孫々伝世せよとて、手づから授かった宝鏡を頂く国であったのです。饒速日・宇摩志麻遅王朝です。

継体天皇は大和という大きな領土を奪うことはできましたが、終にこの鏡を得ることはできなかったのです。

籠神社社伝に載る鏡を写真で拝見すると、それは古墳から出たものと違い、さすが伝世されたもの。二千年も経たものとも思えず、その美しさに思わず吸い付けられるものでありました。何百年かの間王朝として栄えた家の滅亡を、たとえ時の権力が一切黙そうとも、民の

記憶にまた口の端に、民間伝承として必ず残ることの不思議を思うことです。

ともあれ、饒速日命の末孫は解らぬといわれてきました。しかし丹後の籠神社には二千年にも及ぶ神宝二鏡の存在すること、誠に稀有なる事実であります。

平成十三年七月二十五日（十月二十四日加筆）

東奈良遺跡の大王は香語山命《かごやまのみこと》

『書紀』に「天香山尾張の連の遠祖」とあります。この文字が目に飛び込んで驚いたのです。「天香山は天火明命の子」と記しています。これは、天照国照彦天火明櫛玉饒速日命の子息、宮津にて生まれた長男のことです。『書紀』は敵には粗末な呼び方です。籠神社社伝には「香語山」と「語」の字があり、人の名ゆえこれが正しいと思います。香語山命は饒速日命の宮津における最初の妃の長男であり、この男子の母は大国主の娘道姫です。つまり彼は大国主の孫という最高級の王であって、世の隅に置く人物ではないのです。私は思います。端的に申せばあの豪華な埋蔵品、銅鐸の文明を持つという東奈良遺跡の主は、香語山大王ではなかったでしょうか。前稿にも記したように宇摩志麻遅命とは異腹の兄弟です。しかも大国主の血を継いだ兄香語山の方が位は勝っていたはずです。東奈良遺跡の大王としてこれ以上の適任者がありましょうか。大国主はまだ健在であり、愛する孫のために、父親の跡継ぎにはなれなかった不憫な孫のために多大の援助が考えられるのです。

では何故この王があの立派な銅鐸を国の象徴としたのでしょうか。それは思うに父饒速日命が日向へ帰り葦原中国で再び豪族物部氏の姫と結婚して生まれたその子息、宇摩志麻遅に父親が跡を委ねたこと。国と宝を与えたこと。郷を異にして生きたこと。それら長男として事情があったにせよ複雑なる生い立ちであり、しかし大国主の孫というプライドが、瀛津鏡・辺津鏡の文明にも勝る斬新な見事な銅鐸という宝を造らせたこと。異腹の弟の国と心中競ったものかと、籠神社社伝から推察するのです。

この後、出雲国では大国主をはじめ子息達一族は邇邇岐の天孫降臨という大事件のために大国主をはじめ長男事代主も自殺して、次男建御名方は母の実家糸魚川の河口に逃げて辿り着き、そこから川伝いに信州へ逃げたという痕跡が今も点々とある由ですが、如何に執拗にこの大国主の子孫の絶滅に努めたか。建御名方が信濃の諏訪に、これも出雲と同じく「大社」としてただの神社ではなく春秋の宮二社にも丁寧に祀られるところを見ると、最後はやはり無慈悲なる理不尽な殺され方をなされた方なのではと察するのです。

これ等の事件、邇邇岐家のやり方から勘案すれば、大国主の孫という香語山命も安穏として東奈良に居られる状態ではなかったと考えるのです。出雲王朝の血の絶滅に全力を挙げた鉄器を持つ粗暴な国、その軍隊に対抗できるはずはないのです。美しい銅鐸を造り宝玉を尊び雅を国是とした香語山王朝が、大国主亡き後、国を保てるはずはありません。

出雲の松江の側に「玉造」という雅な土地の名があります。これと同じ「玉造」が東奈良遺跡、摂津に今も残っています。私は最初この地名を聞いた時、いち早く出雲との深い関係を思いました。ここ東奈良遺跡を中心とする地域に毀された銅鐸の痕跡を見るといわれることは、「大国主の国譲り」天孫降臨というものが綺麗ごとではなく如何に出雲系孫々の生存に至るまでも残虐なる力を振るったかを、邇邇岐系の徹底した出雲撲滅の仕業であったかを、我々はもっとはっきり知るべきではないのでしょうか。

この香語山命が東奈良を捨てて東へ逃げられたのではと考えます。滋賀県にその銅鐸文明の痕跡を残し、終に尾張へ逃げ延びたのではないでしょうか。『書紀』は彼を「尾張の連の遠祖」といっています。この命のための特別な神社のないことを見るといのちだけは辛うじて全うされたのでありましょうか。

東奈良銅鐸遺跡の大王を叩いたのは神武であろうと、古田武彦氏のご発表[九]ではありますが、それはもう少し前の時代、国譲りの戦いの最後、建御名方命をあれほど執拗に信州の山奥までも、生かすまじき者として追い詰めたあの執念の鉄器を持つ暴徒、出雲王朝絶滅を期した邇邇岐家の仕業として、これも尾張へまでも逃げることを余儀なくされた香語山王朝の最後と考えます。

この王の没後、王の故郷宮津、日本海を眼前に見下す山上に古墳が造られて、それが先年出土した「湯船坂古墳」ではないのでしょうか。環頭太刀の柄頭が出土したと王墓であるといっていました。環頭太刀の柄頭といえば、大和石上神宮の禁足地といわれる土中からも明治時代に出土していて、これは宇摩志麻遅命の持ち物であります。ということは同じ父親を持つ兄弟二人の持ち物、つまり日本宗主国「饒速日家」象徴の環頭太刀を持つ子息達ということではないでしょうか。

思えば古代広く大和の国を支配した大王はこの二人の天皇であったと、あらためて饒速日命家正統王朝を思うのです。この王家一族は西暦五〇七年、継体天皇・邇邇岐家により大和において絶滅させられたということです。

この国の国書が無いので殆ど歴史は解りませんが、後年蘇我の蝦夷が自邸に火を放ち「国書を焼いた」と『書紀』は言います。饒速日命王家の国書であった気がします。王家滅亡の後、蘇我氏がこれを預かっていたものと考えます。ただの一豪族蘇我氏が国書を持つはずはないのです。

邇邇岐命の天孫降臨、これが天照の命令であったという事実はないと思うのです。この時既に天照は亡くなっていたはずです。生きていれば恐らく、彼に天孫降臨等といわせる、出雲王朝を絶滅させるような暴挙はさせなかったと。何故なら出雲には自分の愛する曽孫香語山もいるのです。それに既に彼女は、饒速日命を葦原中国へ天孫降臨させた後なのですから、跡継ぎは一人で充分です。それに邇邇岐命は何のために出雲の一族を絶滅させたのやら、出雲へ行き都を造り自分が支配するのならともかく、ただ暴力を振るって王達を血祭りにしたのみであって、この後また兄の国、葦原中国をぶん盗りに行く戦いを始めるとは、私にはそこが理解の外なのです。そして暴れたあげく「連《しきり》に戦ひて取勝《か》つこと能《あた》はず」と『書紀』は神武東征の結末を、倭国大乱の敗北を語るのです。負けて大和の天皇になり、めでたしとは『書紀』の錯乱です。

平成十五年一月六日

通史―神社の語る古代史

九州糸島の「斯摩町一の町遺跡と熊野神社」（藤沢徹氏）と題する論文、大変参考にさせて頂きました。饒速日命の降臨された地がやっと見つかったという思いです。このことは饒速日命と縁の深い大和の石上神宮暦にも「饒速日命の最初に降臨された処は熊野」であると記されており、この熊野が佐賀県の何処かの熊野とは思っていましたが特定できませんでした。右記の如く一の町の熊野ではないかと思います。その出土した遺溝の時代と場所がらからして頷けるものです

実は饒速日命のことが知りたくて、饒速日命（天照国照彦天火明櫛玉饒速日命）を祭神とされる京都府宮津の籠神社と、奈良県天理の石上神宮へ御由緒書きがありましたらと申し出ましたところ、ご親切に両社から立派なご本を賜りました。お陰さまで闇の古代が私にも薄々と見えて参りました。一昨年のことでございます。これによって部分的にいろいろと沢山書かせて頂きましたが、饒速日命の降臨された熊野も見えて参りましたので、かいつまんでざっ

と思うままの通史に纏めて見たいと思います。

日本のこれまでの歴史は邇邇岐命が天照の命により天孫降臨を成し遂げたことを始まりとしたものであり、これは日本始原史の土台として定着しているものです。しかしひとたび、古代からの神社のその御由緒を勘案して見る時、それには大いに齟齬と疑問を感じるのです。邇邇岐命は本当に天照から親しく命を受けたのでしょうか。そして本当に饒速日命の弟でありましょうか。私は深くこれを疑います。もし『書紀』の言うようにこれが事実ならば天照大神は二重人格ということになるのです。そんなはずはありません。

伊弉諾、伊弉冉が両親として我が児の中で最も愛し、絶大の信頼と賞賛をもって他の男児を措いてまでも跡継ぎとなし、小さいながら獲得した大八島の一つ、日向の国を汝の治めるべき地なりと与えたことを見ても分かるように、天照という女性の賢さと人となりを信じるものです。その天照が、宮津の地に成人して大国主の娘道姫を娶り王としてこの地宮津に君臨すると共に大国主を主人として仕えていた自分の孫饒速日命を、後年本国日向へ呼び寄せて、自分の後継者として瀛津鏡・辺津鏡を始め十種の宝を与えて、これを持って葦原中国を統治せよと言ったと石上神宮、籠神社両社伝は記します。これは天照が饒速日命を皇統の跡継ぎとして天孫降臨させた時の立派な儀式を述べる記述です。饒速日命こそが皇統を継ぐために「天孫降臨」という儀式を最初に行なった人物であったということです。葦原中国という地は饒速日命に天照から十種の宝と共に授けた国に違いないのです。天照の居城日向の極く近く、というより日向の地も含めたものかも知れません。そして葦原中国は火山を背にした土地であると『書紀』はしるします。[一一]この国は委奴国といったようです。この国が漢の光武帝から金印を貰い日本を代表する宗主国として外国からも認められていたということです。『後漢書倭伝』に「建武中元二年（西暦五七年）、委奴国貢ぎを奉って朝賀す。光武賜に印綬を以てす」とあり、弥生時代最も栄えた国であったでしょう。

天照はかつて丹後宮津において大国主に仕えながら、[一二]自分の弟達や孫饒速日命と共に暮らし孫饒速日命を自分の跡継ぎとして愛し育てました。彼女は饒速日命が成人するのを待って、自分の本国筑紫日向へ帰って行ったのです。その後、饒速日命は大国主の娘道姫と結婚して長男香語山命を儲けるのです。宮津の王でした。天照は曽孫香語山命が漸く成人するのを待つようにして、饒速日命に帰国を促して日向へ呼び寄せたのです。[一三]そうして饒速日命に自分の後を託すや、間もなく亡くなったのではないかと思います。そのために急いで宮津から饒速日命を呼び寄せて、一の町熊野において天孫降臨の儀式を行なったものかと察するのです。

恐らく天照が生きていたら、邇邇岐などという無法者の出てくる幕はなかったであろう、賢明なる天照がそれを許すはずはないと私は思います。何故なら一家に二人の天孫降臨を許すとは狂気の沙汰ですから。

「天照の命により天孫降臨（の暴挙）に出た」と邇邇岐命は言いますが、出雲には天照にとり主に当たる大国主は健在であり、饒速日命にとり故郷でもあり、その残した家族、曽孫香語山命も現に住んでいるのです。それに彼女は死後二千年もの間神無月のお祭りには今もなお、出雲へ参殿して伺候の礼を致すと聞くのです。このような女性が主家を絶滅させる企てなどをするものでしょうか。絶対否です。死して弁明の叶わぬ天照のために私はこの一言を書かねばなりません。彼女は大変悪者にされているのです。

邇邇岐命とは本当はいかなる人物か、対馬にあって新式武器、鉄器を軍とする遠縁の暴力的一集団とでも位置づけるべきでしょうか。天照が亡くなったと知るや天照の居城であった日向を席巻すべく進入を企て、攻め込んできたものと見ています。これが「邇邇岐命の天孫降臨」と喧伝する実体ではないでしょうか。饒速日命の弟などとは到底信用できません。もし親子ほども年違いの本当の弟であったなら、これほど冷酷執拗なる戦いを兄に仕掛けてくるでしょうか。天照もなんらかの心遣いの一つも邇邇岐のために残したはずです。本来、天孫降臨とは平和な目出度く喜ばしい儀式ではないかと思うのです。現に饒速日命は単身で帰国したために、この佐賀県は物部氏の本居の故に物部の富彦というこの地の王の妹富姫と、降臨の後、ここで再び正式に結婚して宇摩志麻遅という男子を儲けているのです。饒速日命のこの例もあるように、天孫降臨とは暴力を伴うものでもなく、攻め込むことでもないのだといえるのです。

邇邇岐命は天孫降臨という旗印を掲げて、扶桑の国を席巻すべく対馬から出てきた暴力集団と定義してしかるべきといえるほどの行動をしたことを、我々は考えて見たことがありましょうか。邇邇岐家の歴史書をひたすら尊いものとして、まともな祖先の行ないと信じて疑うこともなくきたことの方が余程おかしいのではないかと、今にして思うのです。

第一回目の侵略――天孫降臨と名付く

邇邇岐の軍が攻め込んで来ることは饒速日命の国も早くから察していたはずです。それを待ち受けて用意したのが吉野が里の最初の環壕ではなかったでしょうか。ここが邇邇岐命の言う「天孫降臨」の激戦地になったのです。饒速日命の国と邇邇岐集団の戦いです。「狗奴国素より和せず」と。当たり前です、和せるものですか。饒速日命は心底怒ったのです。彼らの様な卑しい国ではない。日本の正統を継ぐ宗家です。何方が勝ったのか、委奴国は柵を破られたことは確かで邇邇岐はこの時日向を、天照亡き後の居城を占領したものと見ます。ここを拠点として東へ猿田彦や大山祇の大王達を打ち破り追い出し、ほぼ難波（博多）の地は占拠した模様です。この難波は後の倭国の大乱の時、神武一団の攻め込み口になったものと考えます。そして、その後です。あの大国「出雲」を撃つことに全力を挙げたのは。大国主をはじめ長男事代主は自殺に追い込まれ、次男建御名方は母の実家越後の糸魚川まで追われたのみか、その上流へ信州までへも追われて終に諏訪に追い詰められ、あえない最後であったことと察するのです。父大国主と同様、諏訪の「大社」として厚く祭られて後の人々から悼まれたところを見ると、如何に残虐なる仕打ちがあったかと、鉄器の暴力を徹底して揮《ふる》ったことかと思うのです。

そして最後の邇邇岐集団の仕事は、東奈良大遺跡を叩いたことであります。これは神武の仕業であるとの古田武彦氏の仰せですが、しかしこれは時代が異なるのではないかと思います。この戦いは邇邇岐集団の最初の侵略戦の大きな爪痕であると見ております。東奈良遺跡の大王「香語山」を討ち破り追い出したのが第一回目の侵略戦、出雲を倒した時の最後の仕事であったと。銅鐸を国の象徴となした大国の王です。壊された銅鐸。その鋳型が出土したこと、これは祖父大国主の多大の援助にて成立した国でありましょう。

「香山は尾張の連の遠祖火明（饒速日命）の児」と『書紀』[一四]はいいます。敵には誠にそっけなく歯牙にもかけない書き方です。香語山命が尾張へなど定住する謂はないのです。彼は大国、大国主の孫でありしかも饒速日命の宮津における長男という最高位の持ち主でありました。東奈良という関西の大よそ中央に居城を造り、丹後、摂津、大和と広範なる領域の大王として君臨していたこと。この方以外にこれほどの適任者がありましょうか。

しかし、香語山命は邇邇岐軍の天孫降臨なる最後の暴力に討たれ、追われ、東へ逃げたのでありましょう。その時宿りした神社や土手の斜面などに、持ち出してきた家宝、大きな銅鐸等、逃避行に不都合なる宝を埋めたものではないかと。出土物などから私はそのように思うのです。滋賀県に彼の足跡を見るのです。尾張に在って図らずも不遇なる一生を終えたのでありましょうか。『書紀』は彼のことは尾張の連の遠祖以外は一行たりとも記さないのです。尾張に彼を祭る特別な神社を聞きませんので、命は全うできたかと思うのです。しかし後年その子か孫の手により故郷宮津の日本海を眼下に見下ろす景勝の山上に古墳が作られて

「金銅の環頭太刀の柄頭」が出土したこと。湯舟坂古墳として発表されたものです。これは饒速日家象徴の剣の柄頭でありましょう。父王から手づから渡されたものです。湯舟坂古墳は長男香語山大王の古墳であること間違いないと思います。

かくして粗暴なる暴力集団の跳梁に任せた後、大出雲の国は終に余すなく滅亡。喝采を叫び日向へ引き上げた邇邇岐集団は、後年作った国書に「出雲の国譲り」等と、お遊び手法で滅亡させた大国をこともなげに語るのです。——それにしても民はこの理不尽を黙っていたでしょうか。民の心からなる反発の印として見えるものは、出雲における神無月の祭りをはじめ、事代主のエビスさんの祭り、これは摂津や京都では民間の祭りとしては真に盛大で、権力に関係の無い、異質なものと私は若い時から肌で感じていました。それに先にも記した建御名方の諏訪大社、これら皆民間の祭りではないのでしょうか。民の涙と憤懣がせめてもの祭りとなって残ったものと受け止めるのです。

第二回目の侵略——神武東征

さて、邇邇岐集団にはまだ一つ取りこぼしの、目の上のコブとして叩かねばならぬ国が側にあったのです。宗主国饒速日命の国です。これを倒すことがこの大事業の、彼のいう天孫降臨の完結であったと。最初、侵入初期に踏み潰すべく計画していたこの国は、思いの外強く吉野が里において多大の犠牲を被る結果となった――「ここは後回しだ」彼はそう嘯《うそぶ》いたに違いない。それから約八年間、邇邇岐命は虎視眈々と神武を使ってこの国を討つべく資金を集め、軍備をひたすら整えたことが『書紀』に伺えるのです。

目と鼻にある饒速日命の宗主国は早くからこれを察知し、二度目の国防準備は吉野が里のあの長大な深い塹壕。富と時間と労働力。富の物部氏あってのこれほどの完成です。二度目の目も眩む深い落とし穴が待ちかまえていたのです。精鋭なる武将も多く揃えて待ったのです。これが「倭国の大乱」と外国史書『魏志倭人伝』の記す戦いでありましょう。つまり「神武の東征」とはこの戦いであると私は考えております。邇邇岐命が饒速日命の国を再び乗っ取るために攻撃した戦い、「葦原中国」における戦いであると。神武は岡山やまして大和等へ攻め込んだ形跡はないと。これが本格的両家の決戦と言えましょう。子息宇摩志麻遅命の時代になっていました。吉野が里の激戦は敵味方もなく溢れるばかりの死体で埋まったでありましょう。この壕が激しい戦跡を現代に至るも物語っているではありませんか。そうして神武を看板の武将として決行したこの「神武東征」という戦いは終に自国の「敗戦」に終わったのです。『書紀』は隠すことなくそう記しているのです。「連《しきり》に戦ひて取勝《か》つこと能《あた》はず」。連戦連敗だと。貴重な一行です。もし後段で『書紀』の言う様に戦勝したのならこの一行は宙に浮きます。邇邇岐軍は完全に「マケタ」と私は読みました。『書紀』にしては真に珍しい本音です。私は『書紀』の思わずも漏らしたこの記述だけを信じて、あとの記述、昼寝の寝言のごときこの時の戦記は一切考えないこととしているのです。

第二回目の侵略戦は終わったのです。神武と邇邇岐命は多分「殺された」はずです。古代における戦いに負けて、首謀者や大将が生きて全うできる時代ではないのです。邇邇岐命の天孫降臨の野望はこの時代において、一度は完全にこれで潰えたということです。戦いの準備に八年、その死闘を展開した八年、計十六年の後のことです。

そして残る一族は筑前の山中畝町へ逃げ込んだものと見ております。この後、『書紀』の記述は大和の畝備橿原において神武が天皇になったと突如開き直ったのです。この畝備という同名地を出して――これは正しく『書紀』の錯乱、そして言葉の罠です。負けて山奥へ逃げ込み逼塞したはずの敗残一族が大和へ出て来る道理はなく、このまさかの厚顔なる『書紀』の記述に素直な後人がコロリと騙されたのではないのでしょうか。まして大和の天皇になったなどと――古代といえども遠く九州の敗残を天皇に祭り上げるほど、大国の大和は不自由はしていないはずです。邇邇岐一族は五百年間の臥薪嘗胆、継体天皇に至る時まで九州王朝の傍流の一豪族かあるいは庶民の暮らしであったと、謡曲『花筺《はながたみ》』などより推察するのです。

勝った饒速日命の国はその後如何なったでしょうか。八年間もの長い戦いは自国においてなされたのです。国内は目茶苦茶であったはずです。勝ったとはいえ、とても王宇摩志麻遅を立てて元通りの状態に治めることはできなかったということではないでしょうか。

さて、国書もなく断定はできませんが、饒速日命の子息宇摩志麻遅は愛媛へ疎開されたという形跡もある由です。そしてこの後、天磐樟船に乗り三十二人の供人を連れて河内の国の哮ヶ峰に天降ったといいます。磐船街道の名が今も土地に残り、そこに祭る磐船神社には饒速日命を祭神として磐船文書も残る由。また大和石上神宮にも今も磐船の神事として儀式が残る由伺っています。現在石上神宮境内に祭られる摂社末社は、この王家に対し入国に際し何かと力を致された神々と思われるのです。摂社には出雲建雄神社、天神社、七座社。又末社には猿田彦神社、神田《こうだ》神社。境外末社には恵比須神社が祭られています。

天照の直系、饒速日命の家系は子息宇摩志麻遅命の手により、改めて「大和の地に遷都」。そして「天孫降臨」を宣誓。ここに天照直系の王朝を開かれたのです。わたくしたちはこの事実を知るべきではないでしょうか。

このことは日本人が真の歴史を知るための必須事項です。大和における古代は、西暦紀元頃より五百年間が、つまり継体以前が白紙で不明であり歴史書は焼失したのです。その間の歴史を埋めているものが『書紀』の記述です。しかし、神武から継体天皇までの歴史は遠く九州に住んでいた敗残の邇邇岐家、即ち継体天皇の先祖史です。五百年間分、ご自分と一緒に九州から持参して大和へごっそり納まったものです。本来の大和の歴史とは無関係の記述です。それは何のためかといえば、邇邇岐命こそが天照から天孫降臨を許されたただ一人の皇統であるという嘘を喧伝しなければならぬための記録が『日本書紀』という本ですから。

倭国の大乱において饒速日家に惨敗し、先祖が殺されて、残る一族が山奥へ逃げ込んだなどとは勿論のこと、饒速日家が真の天照の宗家であることさえも一切消した書物です。早くいえば最初の書き出しから嘘で固めた国書と言えます。五百年間の大和に在った皇統とは何の関係もない国書です。

時代は五百年下がります。

継体天皇の出自について「近つ淡海の国より上る」と、『古事記』は記します。謡曲は近つ淡海はお能古呂島のことと言います。博多湾です。遠つ淡海は浅茅湾のことです[一五]。古の神々の国としてよくこの二海は対応していると思われませんか。また、継体は応神五世の孫といいます。やはり九州人と見るのが妥当です。ここでも淡海を近江としてすっかり滋賀県と思わせて、しきりに誤魔化すのです。この継体出身地の混乱が、戦いの筋道を煙に巻いた原因の一つだと私は思うのです。

豊前・豊後に大きく勢力を持つた物部別派、その物部麁鹿火を首謀者とする強力なる大軍に能古島にいた継体は担がれたということでありましょうか。大和の国に栄えて存在していた皇統を打倒すべく、九州からの遠征です。五百年間の恐らく平安なる国へ激突を決行したのです。二十年間の戦いと言います。大和の王朝はよくぞ耐えました。国家の命運を掛けた血みどろの二十年であったことと偲びます。佐賀県「富」の物部氏の豊かな後ろ楯の富あっての二十年間の死闘でした。これが邇邇岐命の饒速日命宗家打倒という日本建国以来の悲願であり古代より三度目の因縁の侵略戦といえます。二度目は吉野が里において完敗、五百年も九州に温存させた執念です。かくて天照から手づから許された皇統はここにおいて滅亡消滅、「饒速日・宇摩志麻遅王朝」という大国は消えたということです。『書紀』の言う「神武東征」の大勝利！　とは実質この西暦五〇七年から二十年間の大勝利の歓声のことです。「継体東征」の大勝利！　と言うべきです、本当は。しかしそうは言えなかった。大和の王朝に跡継ぎが無いので迎えられたと『書紀』は卑屈な書き方です。暴力で平和な国を激滅して入ったとは書けなかったのでしょうか。そして本来堂々たる入城を飾るべき戦勝将軍継体天皇はその誉れの勝鬨《かちどき》さえも挙げ得ず、何やらしおしおと大人しげに大和へ入ってきています。しかし、この大勝の事実をひた隠しにしたずるい記述が、どれほど我々の古代史理解を混乱させる因となったことでしょうか。

また、大和の人々は喜んで彼の入城を受け入れたでしょうか。否、否です。この長い戦いに多くの肉親を失い、自身も激しい戦禍の中を辛うじて生き残った人々でした。戦いが終わり、この地に入城するものに対し、彼らの目は氷の如く冷たく、それはただ国賊の闖入と映ったに違いありません。その王国の滅亡を如何ばかり悲しんだことかと推察して余りあるのです。

思うに今ひとつ、継体天皇が勝鬨を挙げて「終に勝ったぞ！」と言えなかった理由に、皇統の象徴を血眼で捜しその行方を追ったはずですが、終に手に入らなかったということが考えられるのです。天照から譲られたという十種の宝、これは衆知の事実でした。その代表の鏡、それも名だたる瀛津鏡・辺津鏡の二鏡さえも得ることができなかったという引け目。今でこそどうでもいいというものですが――この宝の無いということは当時の天皇になるための致命的な欠陥であったことと思われます。急遽模造品を三種迄は揃えましたが、あとの七種が如何なるものか見当もつきかねたというところでしょうか。以来三種の神器と喧伝して侵すことのできぬ天皇家の象徴と崇めてきたものですが、本来日本皇統の宝は十種です。饒速日家の祝詞が今も変わらずそういっているのです。

瀛津鏡・辺津鏡は大和における皇統その最後の時、落城の燃え盛る都を後目にしてこの鏡は遙かに飛び去り、饒速日命を祭神とする丹後宮津の籠神社へ。今、ご神霊ご神体として鎮座されているものです。二千年来の伝世宝鏡（国宝）と籠神社社伝にあります。

しかし、落城のその時まで、大和の宮殿に何よりも大切に祭られていた鏡に違いはないのです。何故ならそれは宇摩志麻遅命に確かに譲られた宝鏡であると、石上神宮社伝にあるのです。これは代々王家に践祚をした人物、つまり「天皇」と名の付く方の身近に持つべき宝物でありましょう。ですから手から手へ代々譲るもの、伝世鏡なのです。神社に最初からあるべき宝ではないのです。いわく言い難き事情の存在したことと前稿にて述べたことです。

五百年間も大和に存在した皇統王国です。国書もあったはずです。蘇我氏のために焼かれたのは『書紀』編纂者にとりこれはもっけの幸でありました。正統を消し去るための手間が大いに省けたというものです。そしてかつての五百年間の平和とその隆盛の輝きは、後年作られた国書『書紀』により全く消し去られ、誰一人知ることなく消えたのです。千年の闇の彼方に葬られた国家といっても信じて頂けましょうか。

しかし存在したのです。そのないはずの国家の足跡が見つかったと私はそう思うのです。不思議なことです、それは。唯一、大和石上神宮の禁足地といわれて来た拝殿の奥にある石囲いの中を明治時代になって掘られたところ、沢山の種々の宝玉類と共に金銅の環頭太刀の柄頭が出土したと御由緒書きにあります。今は神庫に国宝として収まる由です。石上神宮の鎮まる地は昔宮殿跡であり、一帯は広範な王地であったという言い伝えがあると聞くのです。

環頭太刀は饒速日家の象徴です。この太刀は宇摩志麻遅命が父饒速日命から与えられた伝世の持ち物に違いないのです。複製ではないはずです。大変な物が地の中に隠されていたと私は思います。地中に伝来の家宝を隠して——しかも、家系が跡形もなく絶滅した状態とは——どういう事件の出来《しゅったい》か。普通の状態ではありません。古墳ではないのです。王城の中の地中に家宝を隠すとは非常事態ではないでしょうか。明治以来の歴史家は何故これを追求されなかったのでしょうか。それにこの出土品は、明治の時点では恐らく初めて目にした古代の宝と映ったはずです。あちこちの古墳から出るという物ではないのです――。「正統なる王朝がこの大和の地に五百年間もあった」などとは、学者といえども夢にも思われなかったということでしょうか。

しかし解らぬままで幸せでした。あの大政翼賛の窒息状態の中では、これを明らかにすることは刑死と背中合わせの研究となります故に。

この石上神宮の出土物は単なる武家、それも物部尾輿や守屋に連なる低い異家系の物部氏遺物と見て片付けられたものでありましょうか。もっての外です。天照から皇統を継ぐべしとの命により十種の宝を家宝とする並ぶなき最高の王家です。ただ、その系統は絶えたのです、跡形もなく。広大な地に神社のみ残る現実のあり様ではありますが――これからの方々に真剣に歴史として考えて頂きたいと切に願うものです。

思えばこの大和という大地は、出雲王朝健在の時代は、饒速日命の長男香語山大王が広く統治してきた領地であり、倭国の大乱後、香語山命の弟宇摩志麻遅命が戦勝の王として、九州葦原中国からここに遷都されて改めて天孫降臨の儀式を挙げられた後、約五百年間続いていた王家の地であり、代々この大和に君臨されていたということ。それは日本の宗家の皇統であり、奇しくも大和に饒速日命の子息二人兄弟王朝が存在していたという事実、その足跡をはっきり残されていた――と言えるのではないでしょうか。――それは「金銅の環頭太刀の柄頭」二つが丹後と大和に出土したこと。皇統の存在を物語るに、これ以上のものはないと思うことです。

現在もなお、奈良天理駅より南方三輪桜井に至るを主範囲とする膨大な数の名も無き古墳群を――いえ現実は神武以来継体天皇までの天皇名が仰々しく付いているようで、宮内庁が取り囲んで寄せつけないでいますが、「消された正統王朝がかつて大和に五百年間存在していた」と見る者の目には、失礼ながら甚だ奇異なる思いを禁ずることができないのです。古墳は微動だもせず千五百年、真の解明を待っているはずです。九州畝備の山奥に逼塞したはずの神武亡きあとの一族が、大和の古墳に入りにくる訳はどうみてもないのです。

この古墳群がいつの日か発掘されて、もし内行花紋鏡（瀛津鏡）昭明連弧紋鏡（辺津鏡）が出たというならば、その古墳は間違いなく饒速日命系の王墓でありましょう。

天照に続く正統王朝の象徴です。邇邇岐命系には悲しいかな、この鏡は欲しくともないのです。継体天皇も大和という領土は取りましたが、遂にこの垂涎の天照の鏡だけは得ることができなかったということです。

しかし、ホケノ山古墳からは既に大きな内行花紋鏡（瀛津鏡の複製）が出土しています。恐らく箸墓を始めこの地方一群の大古墳からは、瀛津鏡・辺津鏡が続々徴《しるし》として出るはずです。その時はホケノ山古墳のように「出しっぱなし」でおしまいではなく、必ず饒速日命の日本国正統王朝、かつての栄光の存在を顕彰されますことを請い願うものです。せっかく出てきた瀛津鏡がどこの王朝の物か判断もつかぬ今の史学の世界は、饒速日命宗家が厳然と五百年までは日本大和に存在していた事実を完全に消し去った国書のせいです。このままでは末代待っても出土物と歴史の整合は不可能です。

『書紀』編纂後千三百年、国民はいまだに騙されたまま自国の大切な皇統がいつの間にか簒奪されたことも一向に知らずに、残るは膨大なる数の前王朝の古墳ばかりという無惨なる大和の姿すらも顧みることを知りません。これまでの学者の研究にも拘らず何ひとつ自国の歴史解明に至らなかった不思議な理由は――失礼をお許し戴ければ日本歴史書において最初の出発点の捏造が禍いしたこと。それは他人の天孫降臨を自らの事象となして化けたこと。三度目の宗家侵略に大勝利したのを全く伏せた上に、我こそが日本始源よりの容喙を許さぬ一筋の皇統なりとして、十種の宝も持たぬ家が実の宗家を完全抹殺し終えたこと。この『書紀』の書き出しからの嘘が歴史の筋を全く不明となしていること。『書紀』をたった一つの国書として信じるより手立てを持たぬ後世の日本人は、出土物と歴史の整合も一切筋の通らぬまま、僅か千五百年の前さえ解明できずに、ただ古代史とは不可解なりと――。しかし思えば「古墳」まではさすがに抹殺できなかったということが、皮肉にも『書紀』の完全犯罪不成立を立証することになるとは、『書紀』の思わぬ泣き所でありましょうか。図らずも我々はやっと尻尾を見つけたといえるのです。

伺うところによれば、崇神天皇陵（行灯山古墳）からは既に銅板が出土。それに彫られた模様が内行花紋模様である由。またその陪塚には内行花紋鏡（瀛津鏡）の複製品が四面も出土しているというではありませんか[一六]――。この分では環頭太刀の柄頭（八握の剣）の複製品さえも既に出ているのではと思われます。これ等の徴は総て饒速日命系の「王墓」であると明示するための埋葬品でありましょう。西暦五百七年に初めて大和を征服した継体天皇系とは何の関係もない古墳群です。既に続々と出ているこれ等の歴然たる証拠の埋葬品を全く軽く見過ごされていて、一体これから何を探そうとされて、何が出てくれば良しとされるのでありましょうか。これでは発掘を末代続けられても「猫に小判」というものでは、と失礼ながら思うものです。古代ご研究の方々に是非根本の日本歴史図を早く知って頂かなくては全くの徒労です。重ねて申します。これは大変申し上げ難いことですが、日本にはかつて古代から正統王朝を簒奪すべく凄まじい戦いが展開していたこと、その三度目の侵略戦が大和における最後の正統抹殺の戦いであり、「継体王朝成立」というこの「戦勝」の事実を国書が見事に総て隠したことが歴史不明の因であります。大和において誰が誰と二十年も戦い、誰を滅ぼして入って来たのかを見極めて頂きたいのです。

大和にある古墳群は、継体以後の天皇家のものを除けば他は総て前王朝の古墳と見るべきでありましょう。大和五百年間の歴史は全くの空白です。残るは膨大なる数の名も知らぬ古墳群のみ、蕭々たる現実を見るばかりです。かくて正統饒速日大和王朝を倒し、その後、西暦七〇〇年には九州王朝をも倒して[一七]、終に日本国を広く掌握した継体・邇邇岐王朝であることを、嘘のない日本歴史の書き直しの必要を痛感致します。

以前、石上神宮に環頭太刀の柄頭が地中から出たということを驚きを持って同好の方に話したところ、環頭太刀くらい方々から一杯出てますよ、とこともなげに言われてこれにも大いに驚きましたが、今にして思えば、多分この大和の古墳群から次々出ていた物は複製品でありましょう。これらはただ、饒速日家の一族という徴のために埋葬されたものと見ております。

しかし、石上神宮の地中から出た環頭太刀柄頭とは区別して考えるべきものです。神宮の出土品は代々宗家に手づから伝わった伝世品、跡取り宇摩志麻遅命に授けた実物の宝物です。

また、湯舟坂古墳の環頭太刀の柄頭も、饒速日命から長男香語山命の手に授けた伝世の本物と思われます。この二カ所以外の大和の古墳から出る太刀と内行花紋鏡は総て複製品でありましょう。それらは饒速日命家の古墳という象徴のために作り入れたと見るべきでしょう。

但し、宮津の籠神社のご神霊として祭られる瀛津鏡・辺津鏡は、天照から饒速日命に手づから渡されたそれこそ伝世鏡です（国宝）。二千年前の本物です。前にも認めましたが、大和の王城落城までは宮殿にあった宝と証明される伝が石上神宮にあります。「饒速日命が宇摩志麻遅命に授けた鏡」と特筆されているものです。

今、環頭太刀柄頭と言われている宝、これは当時「八握《やつか》の剣」と言われていたものではないかと思われます。束を八つ付けたものを片手で持つためには、束を輪っかにするか一つに束ねるかどちらかでしょう。あの環頭と名付けた部分は束が八つ連なった円形と見るべきではないかと思うのです。

饒速日命系祝詞の言葉に「瀛津鏡、辺津鏡、八握の剣……」とあります。これが皇統の徴の一つとして祝詞の唱えるものでありましょう。天照から受け嗣いできた十種の宝の一つなのです。

最後に、「銅鐸」と今も名付けられる宝物、これは昔、本当は何と呼ばれてきたのでしょうか。祝詞の言葉に銅鐸はありませんが「ひれ」なる奇妙な宝物があります。「おろちのひれ」「蜂のひれ」「種々もののひれ」です。これは銅鐸の両横に耳の様なものが付いていてそれが「鰭《ひれ》」ではないかとふと思ったのです。松浦佐用姫の「ひれふり物語」があります。新羅へ戦いに征く恋人との別れを惜しみ「ひれ」を振ったと特筆されています。そこをひれふり山とも言うとあります。私もこのひれとは布様のものと思っていたのですが、これが祝詞の言う鰭だとすると彼女は銅鐸を派手に振り鳴らしたのではないかと気が付きました。古代の女性にしてはこれは甚だ奇抜な出征見送りであり別れです。人々の印象に残ったはずです。そういえば銅鐸の模様に横段が下からぐるりと何段も巡っていて、その中に細い斜線の交錯した模様、あれはおろちの鱗ととぐろを巻く姿を表わしたものではないでしょうか。つまり、おろちの鰭です。蜂の模様の物は蜂の鰭です。他にも色々模様はあるようです。鰭なるものが銅鐸のことではないかと思われるのです。そうであるならば、饒速日家の唱える祝詞の宝物はこれで総て判明したことになります。

大和の古墳からも、既に宝の一種であるこの銅鐸はもはや出土しているのではないかと思われるのです。銅鐸は出雲系の宝であり、従って饒速日命系とは共通の宝物。これが出土した場合はいずれにしても継体天皇系とは関係ない品と知って欲しいのです。今一度祝詞を認めます。

一　**瀛津鏡**（内行花紋鏡）
二　**辺津鏡**（昭明連弧紋鏡）
三　**八握の剣**（環頭太刀の柄頭）
四　**生玉**

五　まかる返しの玉
六　たる玉
七　ち返しの玉（宝玉類）
八　大蛇《おろち》のひれ（銅鐸）
九　蜂のひれ（銅鐸）
十　品　物《くさぐさのもの》のひれ（銅鐸）
ひーふーみーよーいーむーなーやーこーとー

十種の饒速日命家の象徴です。先ほど私は大和にあるは名も無き古墳のみと嘆いたのです。しかし、厳然と残しおかれた形見の品が隠されることもなくあることに気付きました。それは神社に、饒速日命と縁の深い石上神宮等に、声も高らかに毎日神前に神官の口から発せられていた祝詞でした。右に記した祝詞です。何思うこともなく聞き流したこの短い祝詞が、唯一残された前王朝の形見であったとは――、今やっと気の付く愚かな人間です。誠にはっきりとした言葉で残されているではありませんか。日本人なら誰にでも理解できる優しい言葉です。

十種の宝が饒速日王朝の存在を明かす証拠品だと、毎日毎日恐らく唱え続けてこられた言葉。人々が聞き続けた祝詞でありましたものを。祝詞は千五百年も古墳と同じく動ずることのない前王朝の遺留品でありました。この祝詞を土台に据えて、古墳を発掘研究されて日本の歴史を最初から考えてみて頂きたいのです。

神武の大和東征につき古田武彦氏は、「弥生中期までは銅鐸が大和盆地から叢出している。唐子、鍵遺蹟等からその鋳型や実物が沢山出土している。しかるに弥生後期に入っては一切の銅鐸は消滅する。この時点を画期線として大和に一大変動有り」とされて、これが反銅鐸勢力の大和への侵入と見なされており、神武の大和侵入の証として実在となされる由ですが、甚だ失礼とは存じますがこれにつき述べさせていただきます。

結論から申し上げれば、この現象は二つの兄弟王朝が大和には存在していたということです。一つは西暦前から大和を広く支配していた香語山王朝（銅鐸王朝）。今一つは倭国大乱において神武を倒した宇摩志麻遅王朝（鏡王朝）です。

唐子・鍵遺蹟から銅鐸や鋳型が沢山出た時代は、銅鐸を国の象徴としていた出雲系大国主の孫、饒速日命の長男である香語山王朝が丹後、摂津、大和を広く大きく支配していた時代であり、その後、香語山命が第一回目の天孫降臨という侵略に遇い討たれて尾張へ逃げた時点からが、銅鐸消滅の時期であると考えます。その後、神武軍が二度目の侵略戦を準備した八年間とその戦争がまた八年、死闘の末計十六年の後、宇摩志麻遅の戦勝。神武の敗北。その後宇摩志麻遅命が大和へ遷都されて、兄香語山命の去った後を継いで大和に王朝を開いたと見ているのです。

何故、その時から銅鐸がなくなったのでしょうか。それは思うに兄弟ではあっても、もともと国は別であり象徴としてきた物がちがっていたこと。宇摩志麻遅は自国にも銅鐸を宝の一種として賜った国ではあるけれども、兄香語山命の国が銅鐸を主たる宝となしていたためにか、それとも父王饒速日命の時代から瀛津鏡、辺津鏡を国の象徴となされてきていたためかでありましょう。十種も宝を持つ国です故、銅鐸にこだわる必要は無いということでしょう。銅鐸王朝を討ち破って大和へ入ったという様な険しい関係の二人ではないはずです。同じ父親を持つ兄と弟なればこそ、大和の貴族達も宇摩志麻遅命を歓迎したものと思われるのです。

伺いたいことですが、唐子や鍵遺蹟に「叩き壊された銅鐸」つまり敵対した跡はないはずと私は思うのですが如何でありましょうか。宇摩志麻遅命は大和の貴族達に請われ招かれて平穏裏に大和の大王となられたと見ております。

石上神宮伝にも「曾ては存在した武器庫の中に種々の神宝、兵伏が沢山あって、それも総て京都遷都の時、人夫十五万七千人余をして運ばせた」と不思議な一文の残ることを書き添えます。これらの神宝は香語山王朝のものと考えるのです。

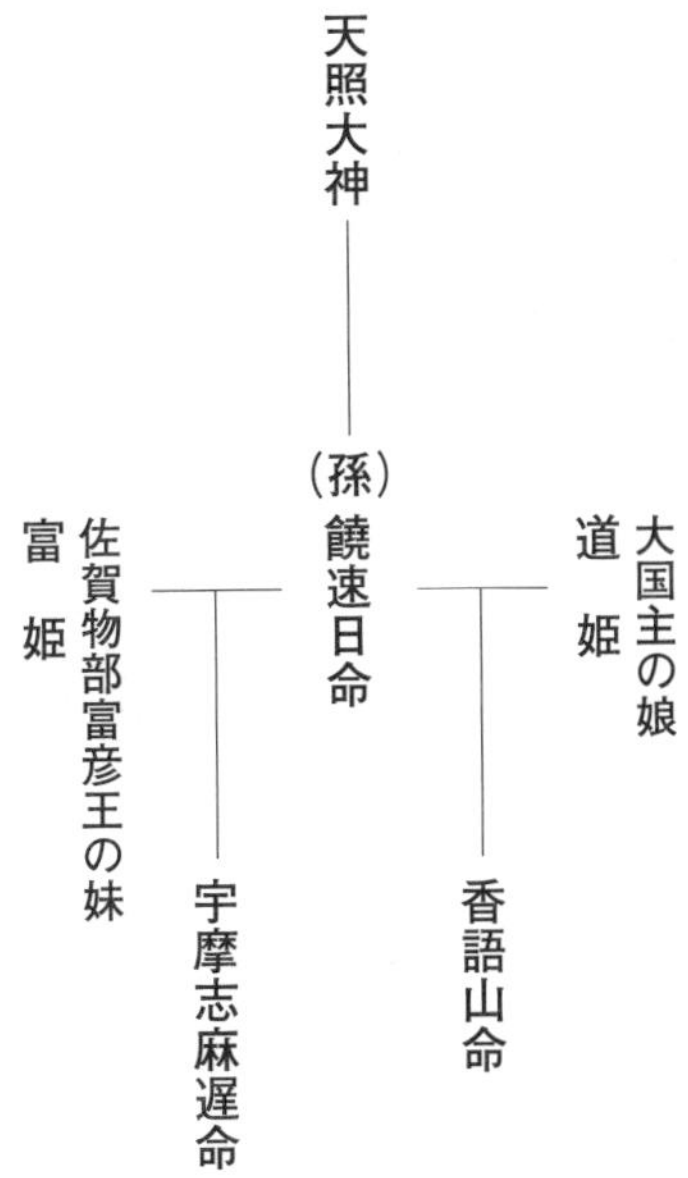

平成十五年三月二十二日

通史―神社の語る古代史・補遺

先に通史として書かせて頂きましたが言葉が至りませんで説明不足となり、別稿として書きましたものを要約してここに補足させて頂きます。

葦原中国と神武東征の真実

まず、倭国大乱の戦場ですが、それは葦原中国であると『書紀』がいいますので、葦原中国の在所を考えて見たいと思うのです。

一　葦原中国《あしはらのなかつくに》は、磐根《いはね》・木株《このもと》・草葉《くさのかきは》も、猶《なほ》能《よ》く言語《ものい》ふ。夜は熛火《ほほ》の若《もころ》に喧響《おとな》ひ、昼は五月蝿《さばへ》如《な》す沸《わ》き騰《あが》る。一八

云々と。この形容するものは思うに活火山ではありませんか。阿蘇山をいうのではと私は考えます。葦原中国の側に阿蘇の山ありです。

一　**葦原中国《あしはらのなかつくに》の宇佐嶋《うさのしま》に降《あまくだ》り居《ま》さしむ。**一九

という文字が見えます。宇佐嶋は今の宗像神宮、天照の娘という女神三神を祀るという今の大島、沖の島の事でありましょう。東海岸の宇佐八幡と混同の向きもありますが、これは後世の混乱と見ています。ここでは宗像神宮の事で、これが葦原中国の中にあると言っているのです。これも葦原中国の概念が拡大した時の言い方でしょうか。何れにしても筑紫にあるということの同義語であり大和のことではないのです。

一　**中洲《くに》に入らんと欲す。**二〇

一　**中洲《くに》に趣かむとす。**二一

このふたつは、神武がいよいよ攻め込む目的の国名を名指しで語っているのです。国の字は「洲《くに》」とあるのですが、東征のための目的国を『書紀』ははっきり記しているのです。何れも「葦原中国」のことだと私は理解いたします。大和のことではないのです。

一時に神《かみ》、毒気《あしきいき》を吐《は》きて、人物《ひと》咸《ことごとく》に瘁《を》えぬ。是《これ》に由《よ》りて、皇軍《みいくさ》復振《またおこ》ること能《あた》はず。時に、彼處《そこ》に人有《あ》り。號《な》を熊野の高倉下《たかくらじ》と曰ふ。……「夫《そ》れ葦原中国《あしはらのなかつくに》は猶聞喧擾之響焉《なほさやげりなり》。……」……毒に中《あた》りし士卒《いくさのひとども》、悉《ふつく》に復醒《またさ》めて起《お》く[二二]。

これは神武の戦いの真っただ中の話です。これも火山噴煙の毒気にあたったものではないでしょうか。古代といえどもこのように考える以外余りにも不思議な病状です。高倉下つまり物部氏の宝剣の威力で神武一団が敵に助けられた話です。これも大和の話ではないのです。以上、これらを見てきますと葦原中国は筑紫の中にあってしかも背後、活火山と共にある土地といっているのではないでしょうか。葦原中国と阿蘇山は密接な関係のようです。神武や邇邇岐家の欲し奪わんとした国土は豊かな王国、天照が跡継ぎとした孫饒速日命に与えた国でありました。これが葦原中国ではないのでしょうか。しかもこの国は漢の国から「漢委奴国王」という金印を貰い、盛大に国中祝ったばかりのはずです。大和ではないのです。

『書紀』という御大層な国書編纂の目的は「神武以来大和には代々邇邇岐家の天皇家が在った」と披露したいために架空の歴史書を新しく作るという使命であり、後代の読者がなるべく素直に間違って理解してくれるようにと切に願いながら、しかし編纂学者が嘘を書くことはできぬという相反する思惑の無理な接点で、誠に巧妙に逃げの手を打つことを忘れぬ見事な書きぶりです。例えば神武が大和を東征したと見せかけながらその実、右に述べたように戦場は決して大和ではなく葦原中国だとはっきり書いているのです。しかるに例えば大和の地名も、龍田路、難波の碕、草香津、茅渟の山城水門、富、宇陀の穿村、熊野、吉野、長髄彦、紀国の竈山、雄水門と用意万端まぎらわしくも大和へ据えて、さあさ吉備の高島へと手招きして、よくもまあ「間違うべし」とばかり同じ地名や名を適所に巧妙に付けて誘ってくれました。この際、『書紀』編纂学者の巧妙なカラクリをもう少し補足させていただきましょう。

『書紀』に不思議な一行の文字があります。[二三]

一、「熯《ひ》は、干《かん》なり。此《これ》をば備《ひ》と云《い》ふ」（備はfiと読む）

すると吉備はキヒとなりキイと発音が可能に成るのです。筑紫の西の北海岸を紀イの国と呼ぶ事は色々な点で可能で、しばしば書いたところです。

神武は岡山の吉備へ行ったのではなくて自国の紀イへ「徙《うつ》り」と『書紀』は言います。徙とは仲間、仲間のいる方へ向ったのであり、また『古事記』は「遷《うつ》り上り」とあり、遷りとは帰る事と岩波『広辞苑』にはあります。上りとは筑紫の方を指すのです。海流もそうであり都を指すのも上りです。『記紀』双方共岡山へ下った形跡はないのです。神武は自国、多分唐津湾内の紀伊の高島で四年の歳月をかけて軍備を調えたと考えます。『書紀』はわざと「吉備」の字を使い読者の眼をここで無理に大和へ誘導することに力を入れたのです。実態は大山祇王と猿田彦王を追い出した跡の難波（博多）を拠点として内陸部への攻め込み口とした戦いであったと思われます。当時の摂津に難波はないのです。

　これと同じ描き方が時代は下りますが『古事記』にはあるのです。それは仁徳天皇の妃黒姫が紀伊の人で、天皇と行き来をしますが、これも舞台は筑紫の紀伊です。それを岡山吉備の姫と思わせたのです。何故なら仁徳を大和の天皇に据えるという、『古事記』の無理な使命のためにです。

　神武を東征の先頭看板として立て邇邇岐家の決行した侵略戦争、この二度目の倭国大乱という戦いは邇邇岐家の惨敗に終わりました。戦場は吉野が里。

「連《しきり》に戦ひて取勝《か》つこと能《あた》はず」と『書紀』の言うことは「連戦連敗」と同義です。『書紀』がはっきりと「負けた」と記しているのです[二四]。

　また、『古事記』は「楯《たて》並めて　伊那佐の山の　樹《こ》の間よも　い行きまもらひ　戦へば吾《われ》はや飢《ゑ》ぬ。島つ鳥、鵜養《うかひ》が徒《とも》、今助《す》けに来ね」と、戦いの記述は恥も外聞も無く悲鳴を上げてこれでおしまいです。

『記紀』のこの後の文は戦いに負けたといいながら神武が大和橿原に天皇となり、千年の王家を築いたと。戦いに負けて大和の天皇となれましょうか。『書紀』の錯乱です。なお、『古事記』のいう伊那佐の山はやはり佐賀県にある由です。

また、『書紀』は「倭国の磯城邑の磯城の八十梟師」と戦ったと相手の武将の名を「倭国の」と明言しています[二五]。大和の武将ではないのです。

饒速日命の国は「倭国の大乱」と『魏志倭人伝』のいう戦いに勝ったのです。子息宇摩志麻遅命の時代でした。その後、磐船に乗って河内の国の哮峰に上陸。大和の国に遷都したと考えるのです。銅鏡の文明を持った国、五百年間は大和に栄えた国です。現在、石上神宮境内に祭られる摂社末社は、この王家に対し入国に際し何かと力を致された神々と思われるのです。

摂社には出雲建雄神社、天神社、七座社。また末社には猿田彦神社、神田神社。境外末社には恵比須神社が祭られています。

また、河内にある石切神社の祭神はやはり饒速日命であり、石切さんと親しまれて難病の神様として有名で京都からまでもお参りする人が多いと聞きます。このように庶民に親しまれる神社が今も残るということは、広く人々のために尽され慰撫された善政の名残りと受けとめています。死にかけた人も祈れば助けられたのではないでしょうか。

大和の石上神宮は、布都御魂・布留御魂・布都斯魂が祭神であると伺います。布留は饒速日命の十種の宝であり、布都は物部氏の神剣であろうと存じ上げます。

石上神宮では、他の神社ではあまり聞いたこともないお祭り「鎮魂祭」が、年一度、十一月二十二日に行なわれます。それも夜になってから暗闇の中で少数の信者のみ寄って執り行なわれるものです。殆ど神官の方々は音も立てず、かすかな鈴の音がシロシロと高所から闇に消えるばかり。静寂の中で執り行なわれる形は古代からの形であり、如何に国家の滅亡と王の死を密かに密かに人知れぬ様に執り行ない深く追悼し悲しんで来たことの名残りかと、一昨年初めて式に参加させて頂いて知った次第でした。しかも鎮魂の意味までも意味不明に歪曲して流布しなければ神社存続も難しい時代があったのかと、心より遠い昔を偲び痛ましく受け止めたことです。

藤の木古墳の主・饒速日王朝の最後

大和にある藤の木古墳、この古墳が饒速日王朝最後の王と王子の二人ではないかと思っています。首の無い二遺体、金銅の冠、金銅の錫杖、金銅の沓、剣、宝玉の類、それに鶴亀紋様の華麗なる襖を掛けておられたと、当時のテレビの発表です。王墓だといっていました。誰が見てもこれは王墓です。敵に討ち取られた姿です。この古墳は今まで見たこともない程立派な豪華な副葬品を持つ古墳だといっていました。

石上、籠両神社共、社紋が同じ「上り藤」で藤と縁があり、「藤の木」の名はよく対応しています。なお、籠神社御由緒には「藤の木、藤の花は饒速日命とは特別な由緒のある由」とありまして、名前からしてこの古墳は動かし難いものと思えるのです。

その上、さる新聞の奈良斑鳩町の藤の木古墳についての記事に、この古墳から「玉纏の太刀」と共に「魚佩」が出土していると書かれていること。魚佩とは魚形の飾りと太刀がセットになったものと言う由。また伊勢神宮の玉纏御太刀もフナ型と呼ばれ金銅製の魚形の飾りがついている由、これは有り難いお教えです。石上神宮の土中からの環頭太刀の柄の中は魚の様な飾りがあったように覚えます。

この饒速日王朝には鏡二鏡が伝世されていたはずです。瀛津鏡・辺津鏡です。子息宇摩志麻遅命がこれを受継ぎ絶対の家宝として、何よりも大切に代々践祚された王が宮殿を離れずに祭られていたものと思うのです。

しかし、王朝は滅亡してこの伝世の二鏡は不思議なことに今、宮津の籠神社にご神霊、御祭神として本殿に祭られているのです。国家の滅亡と共に遙かに飛んだこと、これには深い訳のあったことと察します。「二千年来の伝世鏡、国宝」と籠神社御由緒です。


今にして思えば、バスガイドの話してくれた日本の歴史に該当者の無い、この地へ逃げて匿われたという王様は、饒速日朝廷最後の王ではなかったかと想像するのです。「この鏡を敵の手には渡せぬ。先祖饒速日命を祭る宮津の籠神社にせめて託したい。」この思いから遠路遙々辿り着かれたと。しかし敵はこの王を捕えることもさることながら、必死で鏡の行方を追ったのでありましょう。なんとしても手にしなければならぬ王朝たる資格に必要なる宝鏡です。王は敵に二重に追われていました。

王は神官海部氏に鏡を託すや社家やこの村の人達の困惑を思い、先祖の神に今生の別れを捧げた後、早々踵を返し燃え盛る大和へ引き返されたものと私は見ています。

それについて不思議な社伝の記述があります。籠神社神殿の建物には、その内部背後の高みに伊勢神宮以外は他の神社にはないという不思議な開き扉が取り付けてあり、これは建築の度にこの形式は古代から今に至るまで守られてきたものと特筆されて、扉の図面寸法まで御由緒本にありました。これを拝見して解った、と思ったことです。それは何時かまた攻め込まれた時の用意です。ここから人の出入りができ、鏡を隠すための扉ではないでしょうか。背後は深い山で近寄れません。私はこの扉を知った時、お互い遠い先祖が兄弟であったという神官と王様の邂逅の様を思い浮かべることができました。

海部神官は遠路遙々目前の死を見据えながら、この二面の宝鏡の行方のみを案じて訪れた王の心中を深く察したのです。彼は万感込めて王を見送り別れたことでありましょう。この預かった鏡だけは一身を賭して守らねばならぬ。これが神官の決意として、背後に扉の付いた神殿を建てたことの今に至る由来伝統ではないかと、私は伝記には無い文字を読ませて頂きました。

籠神社の伝記に、何故この大事な鏡の由来経緯が記されてないのかと疑ったこともありましたが、これは甚だ心至らぬことでした。千三百年にも及ぶ大政翼賛の息詰まる時代がついこの間まで続いていたことを忘れていました。伝記には書きたくとも書けなかったのです。権力に逆らう者は賊であり、その賊を匿いしかも相手が必死で探す鏡まで隠したと知れたならば、社家は勿論のことこの一村は数珠繋ぎの目に遇ったことでありましょう。

しかも籠神社の祭神は権力が仇と嫌う饒速日命であり、どれほど後々まで低姿勢を強いられたことか、大事な記述が伝記から外されたのは当然でありました。思えば伝記以上にこの扉がそのことを雄弁に語るものではないでしょうか。

現在の伊勢神宮はこの籠神社から勧請された神である由。それ故ここを「元伊勢」ということで名高いと、殊のほかそれのみ強調されていて、肝心の祭神の記述が殆どないということからも、神社として忍従の時代の如何に長かったかを偲ぶことができるのです。伊勢神宮にも神殿背後に扉があるということは、籠神社の建築様式をもただそのまま真似られたものと思うのです。伊勢神宮より籠神社の方が先ですから。

籠神社に祭られる二鏡は大事に伝世されたものとしてさすがに美しく、二千年も経たとは思えません。鏡が一人で宮津まで行くはずはないのです。私の想像が間違いだとしても、バスガイドさんの話は民間伝承でもあることからして、そこには何らかのドラマがあったことでありましょう。

この天照大神自らが後継者に与えた超国宝二鏡の存在を、国家として最も根幹の存在を、人々の殆どが全く「知らない」ということ。これこそが王朝の交代を如実に物語る証拠ではないのでありましょうか。私はそのように思います。

継体天皇・京都王朝

継体天皇は応神五世の孫といわれます。仲哀、応神、仁徳の三代は、足跡と根拠が九州にあるようですので、彼が博多湾の能古島の人物であるという『古事記』[二六]はよく了解できます。滋賀県や福井の出身といってきたのは、淡海という博多湾の海と近江とを混同した故意の間違いでありましょう。継体天皇はやはり九州人と考えるのが妥当です。神武の血を引いた人かも知れません。しかし、貴族としてあったのか、または能古島の片隅に一庶民と同じ暮らし向きであったのかは解かりません。それはこの地を去る時、愛した女性への形見の品が草蔓で編んだ花籠一つということからして、察することができるのです。これは先年、上村松園女史の絵にもなった有名な謡曲『花筐』の照日という女性の姿にも伺えるのです。

平城京の地は古墳が幾つもあったといいます。先祖の墓の上に住いを作ることなど今日の庶民でさえも聞かぬことです。しかも、太極殿の下から古墳が出てきたと驚くことを聞きます。これは征服王朝なればこその仕儀です。平気で踏みつけることをしたのでしょうか。故意になした建築のようです。古墳のあることを知らぬはずはないのです。滅亡させた国の墓です。これ一つ見ても平城京を造る人と古墳の中の主とは王朝違いが解かるではありませんか。先祖の墓なれば踏みつけるはずはないのです。しかしそれは遠い昔のこと。余りにも死人への心無い非礼、私にはこの建築が腑に落ちません

九州王朝の都を真似た碁盤の目の整然とした王都が完成したのです。永久の平城京、壮大

な皇都であったはずです。

しかし、聖武天皇は何故か居心地悪く、この新築の立派な宮殿を嫌って恭仁宮殿、信楽宮殿、はては摂津に難波宮殿をはやく造れと急がせて（『続日本紀』）、この三カ所を終生渡り歩いた天皇であったといいます。信楽宮殿は御所の塀も無くて幕を引き回して塀代わりにしていたとあります。三重県滋賀県の県境、こんなに遠い田舎まで、何が良くてか。それでも平城京よりは住み良くましだったのでしょうか。このことは聖武天皇の単なる我儘ではなかったはずです。後宮を初め文武百官全てがこの都を忌避したのではないでしょうか。国書はこれについては一言も書きませんが。折角の新築皇都をろくに使用することもなく、大きな都を弊履の如く捨て去りました。僅か七十年間の都城でした。そしてあっさりと大和を捨てて、葛野へ新しく継体・邇邇岐王朝を建国し直したということです。京都の都です。

継体天皇の古墳だけが大和を遠く離れて京都近くにあるのは何故かと問う人がありますが、これも「王朝交代」という大事件、大事業を成し遂げた元祖天皇ということを踏まえてこそ。その本人の古墳が大和でなくて京都のそばにあることは、大和を嫌った人達の手によって造られた墓であることと理解できるではありませんか。

彼らは立派な平城京を未練もなく捨てたのです。そうして「継体・邇邇岐王朝」の末は京都という新天地に初めて自分たちの全く新しい国を拓いたのでありましょう。これは大和王朝と称すべきではなくて「京都王朝」というべきではないでしょうか。

大和の饒速日朝廷が五百年もの間、存在していたということが、何故こうも綺麗に忘れ去られることになったのでしょうか。『書紀』の記述を信じたこともさることながら、思うに物部という名の系統があまりにも多くありすぎたということが禍いしたのではと思われるのです。

饒速日朝廷は「富の物部」です。しかし、大和には敵対した物部麁鹿火を初め後代の物部尾興、物部守屋等、殆ど饒速日王家に敵対した連中の家が沢山あって、後代の人には見分けがつかなくなっていたということでありましょうか。これらの家は後々まで継体天皇家に仕えていた家です。王家滅亡時、いち早く「富の物部」家一族は抹殺されたはずです。

後の時代の物部の位低い彼らを見る限り想像もできなかったということが、この王朝の跡形もなく消えた因ではないかと思います。一言で言えば物部という多くの家の名が王朝存在の邪魔をしたということです。それにもう一つは現権力への遠慮から昔を語ることがなかったということもありましょうか。

末になりましたが石上神宮、籠神社には貴重な御由緒本を賜りましたこと、真に有難うございました。ご芳情厚く御礼申し上げます。

右の如く書きたりましたが是非お断わり致さねばならぬことは、現在の我国の天皇家を決して軽んじたり蔑ろに致している者ではありません。新興とは言え最早千五百年以上もの歳月を経、連綿として続いてきた王朝です。世界にも例がないのです。実に稀有なる生きた国宝。世界に冠たる宝物といえるのです。その上現天皇家の方々は、奉仕を厭われず模範的なる家庭を持たれた誠に敬愛され尊敬されるべき王室であります。

混迷する今日の我国においてこの伝統的中心的存在がもしなかったとしたら国民はよって立つものを失って浮雲の様にばらばらに分解することでありましょう。それ故今国民が挙って大切に守って行かねばならぬ唯一の中心的「生ある国宝」と認識して皇室に感謝すべきが肝要です。私が古代史を追求致しますこととは次元の違う問題でありますことを最後に付け加えさせて頂き、失礼の段お詫び申し上げて擱筆致します。

平成十五年五月三日

注一　『多元第49号』内倉武久氏の論文

二　『日本書紀』日本古典文学大系　岩波書店　上200頁

三　『文政天保国郡全図並大名武鑑』人文社蔵
四　「日本国家に求める・箸墓発掘の学問的基礎」古田武彦氏『古代史学会報40号』平成十二年
五　『元伊勢の秘宝と国宝海部氏系図　増補版』による
六　『元伊勢の秘宝と国宝海部氏系図　増補版』並びに『石上神宮』による
七　『石上神宮』
八　本書「通史—神社の語る古代史・補遺」葦原中国と神武東征の真実等
九　『ここに古代王朝ありき——邪馬一国の考古学』古田武彦著　朝日新聞社　昭和五十四年
一〇　「斯摩町一の町遺跡と熊野神社」（藤沢徹氏）と題する論文
一一　『日本書紀』日本古典文学大系　岩波書店　上160・194頁
一二　『元伊勢の秘宝と国宝海部氏系図　増補版』
一三　『元伊勢の秘宝と国宝海部氏系図　増補版』
一四　『日本書紀』日本古典文学大系　岩波書店　上160頁
一五　本書「謡曲の中の九州王朝」淡路
一六　『古代天皇陵をめぐる』藤田友治と天皇陵研究会著　三一書房　一九九七年
一七　古田史学にいうONライン
一八　『日本書紀』日本古典文学大系　岩波書店　上160頁
一九　『日本書紀』日本古典文学大系　岩波書店　上111頁
二〇　『日本書紀』日本古典文学大系　岩波書店　上192頁
二一　『日本書紀』日本古典文学大系　岩波書店　上195頁
二二　『日本書紀』日本古典文学大系　岩波書店　上194頁
二三　『日本書紀』日本古典文学大系　岩波書店　上111頁

二四　『日本書紀』日本古典文学大系　岩波書店　上２０７頁

二五　『日本書紀』日本古典文学大系　岩波書店　上２００頁

二六　『古事記』角川文庫　昭和四十三年版　１８９頁

あとがき

中国においては、五千年も前の歴史がもはや判明していると聞きます。その殆ど同じ時代から、我国も中国と国交があったこと、漢書に残ります。何故我国の歴史界のみが、僅か千五百年前すらも判明しないのですか。いつまで歴史後進国の中に漫然と甘んじておられるのか。目くるめくばかりの世の進歩の中においてです。

「九州に王朝ありき」と国民が知ってからも、もはや三十二年。学会は未だその存在も消滅も、即ちこの古田武彦学説を認めようとはされません。しかし、このままでいいのでしょうか？

飛鳥には例のない九州式装飾古墳。高松、キトラなど何故大和にかような異質な古墳があるのでしょうか。しかも来世は天子を望むという、不思議な絵画に囲まれた超高貴な人物の墓。しかしそれが最下位者、四位の小古墳。これらの条件を持つことは、九州王朝の存在とその滅亡の跡を認めずしては、説明は一切つかないはずです。白村江の戦い、その敗戦国の捕虜として連行された貴族の墓。九州王朝滅亡を語る唯一の、大和に残る証拠品と私は思ってきたのです。しかし、あの時も今も、解明不可能であったればこそ、当時何の解説も与えぬままのんびりと何十年も顧みずして、捨て置かれたばかりに、古墳は無惨にも雨漏りして、貴重な内壁の絵を台なしにしてしまったと。今後の学問の大きな損失です。千三百年間も縁者の方々により手厚く守られてきたという古墳をです。一日も早くまともな歴史の認識なくば、出土物と歴史の整合は、永久に不可能でありましょう。

このたび認めました全く素人の拙文を採りあげて本として出して頂きましたこと、望外の幸せと存じております。古田武彦先生の古代への透徹したお考えが世に出ていなければ、わたくしの思考も一歩たりとも歩むことのできなかったことを思いますと、ただただ有難く、学恩に深く感謝申し上げます。また、多元の会の皆様には機関誌掲載の拙文にたいし、多くの貴重なお便りを頂戴いたしました。改めて御礼申し上げます。新泉社社長石垣雅設様には暖かいご芳情を頂き感謝の言葉もございません。厚く御礼申し上げる次第でございます。校正のお世話になりました方々にも本当に有難うございました。

また、文章を認めるについては、ワープロの手解きから、多忙中を日曜日毎には尋ね来ていろいろ教えてくれ、支えてくれた長男宗昭に心より感謝を捧げます。この励ましがなかったら、とても本にすることはできませんでした。

新庄智恵子

平成十五年七月二十五日

参考文献

『日本書紀』上下　日本古典文学大系／岩波書店
『古事記』　武田祐吉註／角川書店
『続日本紀』　新日本古典文学大系／岩波書店
『風土記』　日本古典文学大系／岩波書店
『元伊勢の秘宝と国宝海部氏系図　増補版』　海部光彦編著／元伊勢籠神社社務所
『石上神宮』　石上神宮
『秋田「物部文書」伝承』　進藤孝一／無明舎出版
『「邪馬台国」はなかった』　古田武彦／朝日新聞社
『失われた九州王朝』　古田武彦／朝日新聞社
『盗まれた神話』　古田武彦／朝日新聞社
『よみがえる九州王朝――幻の筑紫舞』　古田武彦／角川書店
『古代史の十字路――万葉批判』　古田武彦／東洋書林
『壬申大乱』　古田武彦／東洋書林
『古代は輝いていた』ⅠⅡⅢ　古田武彦／朝日新聞社
『ここに古代王朝ありき』　古田武彦／朝日新聞社

『「君が代」は九州王朝の讃歌』　古田武彦／新泉社
『神武歌謡は生きかえった』　古田武彦ほか／新泉社
『万葉集』上下　佐々木信綱編／岩波書店
『藤原鎌足』　田村圓澄／塙書房
『隠された十字架――法隆寺論』　梅原猛／新潮社
『黄泉の王――私見高松塚』　梅原猛／新潮社
『批評日本史1　藤原鎌足』　梅原猛、杉山二郎、田辺昭三／思索社
『額田姫王』　谷馨／紀伊国屋書店
『国宝』　毎日新聞社
『大和古寺巡礼』　青山茂、川副武胤、平岡定海／社会思想社
『福岡県の歴史』　平野邦雄、飯田久雄／山川出版社
『佐賀県の歴史』　城島正祥、杉谷昭／山川出版社
『諸国一の宮』　入江孝一郎／移動教室出版事業局
『古代天皇陵をめぐる』　藤田友治と天皇陵研究会／三一書房

初出一覧

謡曲のなかの九州王朝・鶴亀	平成十三年	「多元第42号」
謡曲のなかの九州王朝・淡路	平成十三年	「多元第43号」
謡曲のなかの九州王朝・弓八幡	平成十三年	「多元第44号」
謡曲のなかの九州王朝・女郎花	平成十三年	「多元第45号」
謡曲のなかの九州王朝・逆矛・龍田	平成十三年	「多元第54号」
謡曲のなかの九州王朝・芦刈	平成十四年	「多元第49号」
謡曲のなかの九州王朝・弱法師	平成十三年	「多元第48号」
謡曲のなかの九州王朝・国栖	平成十三年	「多元第53号」
謡曲のなかの九州王朝・桜川	平成十四年	「多元第52号」
鏡王女と藤原鎌足	平成一〇年	「多元第27号」
春日神社と興福寺	平成十一年	「多元第34号」

（これ以外の随想は未発表のものである。各表題ごと、文末にそれを認めた年月日を記した。）

著者紹介

新庄智恵子（しんじょう・ちえこ）

1919年京都市生まれ。
多元的古代研究会・関東会員。
東京都杉並区在住。

謡曲のなかの九州王朝

2004年5月15日　第1刷発行
2007年5月15日　第2刷発行

著　者＝新庄智恵子

発行所＝株式会社 新 泉 社

東京都文京区本郷2-5-12
振替・00170-4-160936番　TEL 03(3815)1662　FAX 03(3815)1422
印刷・シナノ　製本・榎本製本

ISBN978-4-7877-0319-4　C1021